21世纪交通版高等学校教材
城市轨道交通系列教材

Urban Mass Transit Project Case Set
城市轨道交通工程案例集

顾保南　许　恺　**主编**
　　　　周顺华　**主审**

人民交通出版社

内容提要

本书为21世纪交通版高等学校教材、城市轨道交通系列教材，主要介绍城市轨道交通工程案例，共分十章，内容包括线网规划、线路设计、轨道结构设计、地下车站建筑设计、高架车站建筑设计、暗挖地下车站结构、明挖地下车站结构、暗挖区间隧道结构、盾构区间隧道结构、车辆段设计。

本书所述案例均为各地城市轨道交通工程建设的实施案例，具有较强的实践性和指导性，以帮助学生更好地理解《城市轨道交通线网规划与线路设计》、《轨道工程》、《城市轨道交通结构设计与施工》、《城市轨道交通设备系统》等课程中基本原理的应用过程。本书可作为土木工程专业和交通工程专业铁道与城市轨道交通方向本科生教材，同时亦可供铁道与城市轨道交通工程领域研究生和从事轨道交通设计、施工及建设管理人员参考。

图书在版编目（CIP）数据

城市轨道交通工程案例集/顾保南，许恺主编．—北京：人民交通出版社，2011.7
ISBN 978-7-114-09163-6

Ⅰ.①城… Ⅱ.①顾… ②许… Ⅲ.①城市铁路－铁路工程－案例－高等学校－教材 Ⅳ.①U239.5

中国版本图书馆 CIP 数据核字（2011）第 098190 号

21世纪交通版高等学校教材
城市轨道交通系列教材

书　　　名：	城市轨道交通工程案例集
著 作 者：	顾保南　许　恺
责任编辑：	沈鸿雁　刘永超
出版发行：	人民交通出版社
地　　　址：	(100011)北京市朝阳区安定门外外馆斜街3号
网　　　址：	http://www.ccpress.com.cn
销售电话：	(010)59757969，59757973
总 经 销：	人民交通出版社发行部
经　　销：	各地新华书店
印　　刷：	北京鑫正大印刷有限公司
开　　本：	787×1092　1/16
印　　张：	13
字　　数：	320千
版　　次：	2011年7月　第1版
印　　次：	2011年7月　第1次印刷
书　　号：	ISBN 978-7-114-09163-6
定　　价：	25.00元

（如有印刷、装订质量问题的图书由本社负责调换）

前　言

我国城市轨道交通的快速发展，需要大量的城市轨道交通土建工程专业技术人才。目前，高等学校对这些专业人才的培养主要有两个途径。一是依靠土木工程一级学科的土木工程专业，尤其是其中的铁道工程专业方向，其主干课程包括铁路选线设计、铁路轨道、铁路路基、铁路隧道和铁路桥梁等；二是依靠交通运输工程一级学科下的交通工程专业，该专业涵盖了交通的所有领域，自然也包括轨道交通工程。基于此，同济大学于2006年在交通工程专业下新设了城市轨道交通工程专业方向，目的是为了培养城市轨道交通的专业技术人才。该专业方向的主干课程包括城市轨道交通线网规划与线路设计、轨道工程、城市轨道交通结构设计与施工、城市轨道交通设备系统等。与铁道工程专业方向相比，城市轨道交通工程专业方向更加突出了城市环境、运营设备等对土建工程设计与施工的影响。在教学中，无论是土木工程专业的学生还是交通工程专业的学生，都存在现场实践不足、运用课程理论知识较困难的问题。为了加强学生对相关主干课程的理解，强化实践性教学环节，在多年教学实践的基础上，同济大学组织编写了这本《城市轨道交通工程案例集》。

工程实践的主体不在高等院校，由高校教师承担案例的编写面临诸多困难，为此在编写中邀请国内从事城市轨道交通工程设计与施工经验丰富的专业人士共同完成了本书的编写工作。本书的编写思路是以工程建设为线索，希望学生能够通过案例的学习，了解设计的思想、意图和方法，从而深化对理论知识、现场的施工技术要求和管理等方面的理解，使课堂所学知识更具系统性。

本书由顾保南、许恺主编，周顺华主审，编写过程中得到南京地下铁道责任有限公司张柏林先生的大力支持。全书分为10章：第一章为线网规划，第二章为线路设计，第三章为轨道结构设计，第四章为地下车站建筑设计，第五章为高架车站建筑设计，第六章为暗挖地下车站结构，第七章为明挖地下车站结构，第八章为暗挖区间隧道结构，第九章为盾构区间隧道结构，第十章为车辆段设计。第一章由同济大学顾保南、叶霞飞编写，第二章由上海市城市建设设计研究院饶雪平编写；第三章由上海市隧道工程轨道交通设计院周建军编写；第四章由中铁隧道勘测设计院姚兰、张先锋编写；第五章由北京城建设计研究总院阙孜、刘继兵编写；第六章由中铁隧道勘测设计研究院姚兰、张先锋和同济大学宫全美、孙玉永编写；第七章由上海市政工程设计研究总院罗衍俭和同济大学宫全美编写;第八章由中铁隧道勘测设计院姚兰、张先锋和同济大学宫全美编写;第九章由中铁隧道勘测设计院姚兰、同济大学代仁平编写;第十章由中铁二院工程集团有限公司张强编写。

  本书在编写过程中引用了上海、南京、杭州等城市的轨道交通设计资料,参考了国内外有关专著、研究报告和文献,虽然在书末列出了主要参考文献,但挂一漏万,在此对所参考文献的原作者深表感谢。此外,同济大学王治讲师及研究生郭长弓、叶益芳、张宁、高飞、杨燕、钱卫力等同学参加了本书部分资料的整理和文字校对等工作,在此一并表示衷心的感谢。

  本书的案例以设计为主,涉及施工的部分相对较少,有待于以后完善。限于编写人员水平,书中定有不妥之处,恳请广大读者批评指正。

编　者

2011 年 3 月

目 录

第一章 线网规划 ... 1
- 第一节 工作内容 ... 1
- 第二节 线网规划方案设计的前期工作 ... 2
- 第三节 线网规划方案设计 ... 9
- 第四节 线网备选方案的综合评价 ... 14

第二章 线路设计 ... 19
- 第一节 线路设计的阶段 ... 19
- 第二节 工可阶段线路设计案例分析 ... 19
- 第三节 初步设计阶段线路设计案例分析 ... 34
- 第四节 施工图设计阶段线路设计案例分析 ... 52

第三章 轨道结构设计 ... 57
- 第一节 概述 ... 57
- 第二节 轨道结构设计 ... 58
- 第三节 轨道结构设计的相关接口 ... 77

第四章 地下车站建筑设计 ... 79
- 第一节 设计内容与原则 ... 79
- 第二节 设计标准 ... 80
- 第三节 实例分析 ... 82

第五章 高架车站建筑设计 ... 92
- 第一节 设计内容与原则 ... 92
- 第二节 高架车站建筑设计的特点 ... 93
- 第三节 案例分析 ... 96

第六章 暗挖地下车站结构 ... 108
- 第一节 暗挖车站结构设计 ... 108
- 第二节 暗挖车站施工方法选择 ... 111
- 第三节 暗挖车站案例分析 ... 114

第七章 明挖地下车站结构 ... 126
- 第一节 设计原则和标准 ... 126
- 第二节 工程概况 ... 127
- 第三节 车站主体及支护结构选型 ... 130
- 第四节 计算模型及荷载 ... 131
- 第五节 支护结构内力计算 ... 133
- 第六节 主体结构横断面内力计算 ... 140

第七节　结构纵断面内力计算……………………………………………………146
第八章　暗挖区间隧道结构…………………………………………………………148
　　第一节　设计原则及步骤…………………………………………………………148
　　第二节　案例分析…………………………………………………………………149
第九章　盾构区间隧道结构…………………………………………………………158
　　第一节　工程概况…………………………………………………………………158
　　第二节　设计原则与技术标准……………………………………………………158
　　第三节　盾构法区间隧道设计……………………………………………………159
第十章　车辆段设计…………………………………………………………………177
　　第一节　设计阶段与设计内容……………………………………………………177
　　第二节　车辆段总平面布置………………………………………………………182
　　第三节　出入段线的设计…………………………………………………………186
　　第四节　主要车间(库)的设计……………………………………………………187
参考文献………………………………………………………………………………199

第一章 线网规划

根据我国现行规章,一个城市要建设城市轨道交通,必须编制该市的"城市轨道交通近期建设规划",且要获得国家发改委和国务院的批准,而城市轨道交通线网规划又是编制"城市轨道交通近期建设规划"的重要依据之一。本案例的对象是我国某城市(简称甲市),由于线网规划的全部内容篇幅很大,因此本案例在简要介绍线网规划的工作内容和步骤的基础上,重点介绍线网规划方案设计及评价的做法。

第一节 工作内容

城市轨道交通线网规划(以下简称"线网规划")是对城市轨道交通线网进行展望和安排的过程。根据规划期的不同,分为城市轨道交通近期线网规划(以下简称"近期线网规划")、城市轨道交通远期线网规划(以下简称"远期线网规划")和城市轨道交通远景线网规划(以下简称"远景线网规划"),一般分别对应10年、20年(或对应"城市总体规划"的规划期)和30~50年(对应城市远景发展的"终极"状态)。

线网规划的工作内容包括:

1. 城市远景发展规划研究

城市轨道交通线网规划应以城市总体规划为依据,然而,一个大城市的轨道交通线网建设一般会持续30年以上的时间,目前我国的城市总体规划的规划期最多只有20年,这就使线网规划在远景时段缺乏依据。因此,需要在已有的城市总体规划的基础上进行城市远景发展规划的研究,研究内容包括城市远景规划目标、规划研究年限、远景规划范围、城镇体系规划、核心区远景规划、主城区远景发展与用地布局、城市远景可能发展的"终极"状态下的居住人口与岗位人口的规模和分布等。

2. 城市综合交通规划研究

城市综合交通规划研究包括城市交通现状问题分析、城市综合交通发展战略等内容。通过对不同规模的人口、小汽车使用量、交通环境容量限制和土地资源限制等方面进行分析论证,确定城市轨道交通分担率的合理目标值。

3. 城市交通需求预测

(1)城市交通现状调查与分析。

(2)各规划年度的小汽车、公共汽车、轨道交通的合理分担率及出行总量预测。

(3)结合城市轨道交通线网规模与线网结构方案,进行各规划期城市轨道交通线网客流需求预测。

4. 城市轨道交通线网规模与系统制式研究

(1)根据各规划期城市轨道交通分担率目标,研究选择城市轨道交通通道的客流需求条件;结合城市交通需求预测结果,确定城市轨道交通的线网规模。

（2）城市轨道交通的系统制式研究，如 B 型车、C 型车等。

5. 城市轨道交通线网结构研究

（1）分析轨道交通线网结构形态与土地利用规划的互动关系。
（2）分析线网结构对城市空间布局形态、客运交通走廊的影响。
（3）分析线网结构对城市中心、副中心数量与发展规模的影响。
（4）提出城市轨道交通线网结构方案。

6. 城市轨道交通线网规划方案研究

（1）线网备选方案的形成。主要论证内容包括：不同的线网密度；换乘枢纽点的选址；线路起、终点的选址；车辆段与停车场的选址；线路走向与主要车站分布。
（2）线网备选方案的客流预测与分析。
（3）线网备选方案的优化和综合评价。

7. 城市轨道交通线网实施方案研究

（1）各条线路的地形、地物踏勘。
（2）各条线路的主要技术标准选择。
（3）线路的控制线位及线路敷设方式（地下、地面或高架）。
（4）线路及车站的设施用地控制规划。
（5）换乘站的布局规划及设施用地控制规划。
（6）系统运营管理模式及线路共线运营接轨站的设施用地控制规划。
（7）换乘站的分期实施过渡方案。

第二节　线网规划方案设计的前期工作

城市轨道交通是城市交通的一个组成部分，它的线网规划必须服从于城市总体规划的指导思想及原则，必须符合城市综合交通发展战略的要求，必须与城市对外交通规划相协调。在此基础上，依据各个规划期的客运交通需求发展趋势，提出与需求相适应的、经济有效的城市轨道交通线网规划方案。

一、城市发展规划

（一）现行的城市总体规划

甲市面积约 2 000 km^2，2010 年总人口 320 万人。全市共有 24 个区镇，分 4 个组团。

根据甲市的城市总体规划（2020 年），2010 年、2020 年的各组团人口规模如表 1-1 所示。

甲市城市总体规划（2020 年）人口规模　　　　表 1-1

年　份	类　别	中心组团	东部组团	西北组团	南部组团	合　计
2010 年	居住人口（万人）	95	57	126	42	320
	岗位人口（万人）	75	45	70	35	225
2020 年	居住人口（万人）	124	94	152	50	420
	岗位人口（万人）	85	75	95	40	295

(二)城市远景发展规划研究

通过研究,提出了组团式、强中心式、内向均衡式三种城市空间结构发展模式方案,推荐组团发展模式方案,参见图1-1。

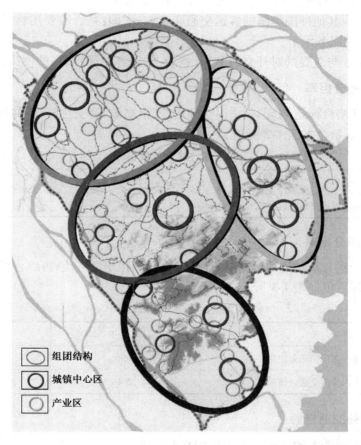

图1-1 甲市远景组团发展模式空间示意图

甲市远景城市空间结构规划的特征可以归纳为"1廊、2轴、3心、4团、多通道":

1廊——西北组团、中心组团、东部组团、南部组团将形成"S"形都市生活走廊,成为甲市未来发展的主要轴线与核心圈。

2轴——东、西两条产业集聚轴,东轴以港口加工、物流、高新技术开发为主;西轴为特色产业带,包括五金电子电器、灯饰、红木家具等各具特色的镇区产业。

3心——3个副中心,除主城区作为市域行政、商业、金融、文化中心外,西北、南部、东部各设一个副中心,带动与促进西北组团、南部组团与东部组团的全面发展。

4组团——即中心组团、西北组团、东部组团、南部组团。

多通道——多条区域性交通通道,包括干线公路、城际铁路等对外客运通道。

远景发展阶段,甲市公共活动节点布局主要延续2020年的布局模式,通过进一步整合,提升功能,强化"1主3副"的城镇公共设施中心体系。

二、城市综合交通战略规划

城市综合交通战略规划应解决如下问题:

(1) 市域各区公共交通在城市客运交通中的地位与作用,在数量上表现为公共交通客运量分担率、公共交通周转量分担率。

(2) 市域各区轨道交通系统在城市客运交通(或公共交通)中的地位与作用,在数量上表现为轨道交通客运量占城市客运交通(或公共交通)的分担率。

(3) 中心城区与其他外围组团的客运交通联系方式,即:是否需要用轨道交通联系?如果需要,应达到多高的服务水平?

(4) 市域各主区与重要的对外交通节点(机场、铁路客站等)联系的便捷性。

(一) 公共交通分担率

甲市的交通战略目标是构筑一个"内畅外达、安全高效、公交主导、设施配套"的城市综合交通体系,具体目标数值如表1-2所示。

甲市公共交通分担率目标　　　　　　　　　　　　　　　表1-2

年　份	2020年	2050年
公共交通占客运交通分担率	20%	30%

(二) 轨道交通分担率

采用定性和定量分析的方法,得到甲市轨道交通分担率参考值,再综合确定轨道交通分担率目标。具体目标数值如表1-3所示。

甲市轨道交通分担率目标　　　　　　　　　　　　　　　表1-3

年　份	2020年	远景年
轨道交通占客运交通分担率	5%	10%
轨道交通占公共交通分担率	25%	33%

(三) 城市对外交通规划

与城市轨道交通关系密切的主要是机场和客运铁路。甲市市域范围内没有机场,需要通过公路或铁路客运专线与附近的机场联系。

甲市的客运铁路主要包括高速客运专线及城际铁路。

(1) 在处理与高速客运专线的关系时,城市轨道交通应经过高速客运专线的车站,并尽可能便捷换乘,使得本市居民乘坐长途铁路客车方便快捷。

(2) 在处理与城际铁路的关系时,城市轨道交通应与城际铁路合作互补。城际铁路的最高运营速度一般为160~250km/h,站间距10km左右,平均旅行速度可达80~150km/h,可为沿线的城镇提供快捷的、大容量、公交化的客运服务。当城际铁路运输能力有富余时,同一走廊一般不布置城市轨道交通线路,但其中的一些车站应与城市轨道交通线路衔接。

三、城市客运交通需求调查与预测

(一) 交通需求预测流程

甲市的客运交通需求预测以通用的四阶段预测法为基础,主要预测工作及流程如图1-2所示。

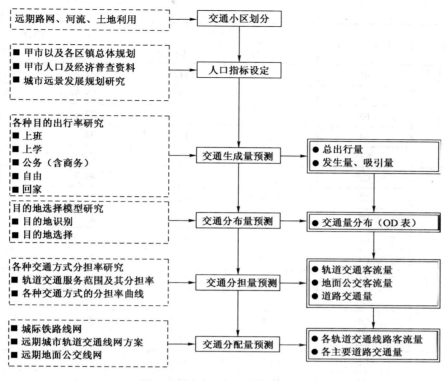

图 1-2　城市客运交通需求预测流程

（二）交通生成量预测

1. 交通小区划分

通过对甲市远期道路网结构、河流走向、地形以及土地利用规划等因素的分析,结合行政区划情况,共划分 24 个交通大区及 138 个交通小区。

2. 常住人口与就业岗位

根据前述甲市各组团人口预测值,综合考虑各镇乡总体规划、现状的居住人口和就业岗位分布等因素,在各组团中按比例进行计算,预测各交通大区及交通小区未来的居住人口和就业岗位。表 1-4 列出了各交通大区的常住人口与就业岗位。

各区镇乡人口居住人口与就业岗位（单位：万人）　　　表 1-4

组团	大区编号	2020 年		2050 年	
		常住人口	就业岗位	常住人口	就业岗位
中心组团	A1	29.1	19.9	42.3	23.5
	A2	17.1	11.7	24.8	13.8
	A3	9.8	6.7	14.2	7.9
	A4	7.4	5.1	10.8	6.0
	A5	24.2	16.6	35.1	19.5
	A6	17.8	12.2	25.8	14.4
	A7	14.2	9.7	20.6	11.4
	A8	4.4	3.0	6.4	3.5
	小计	124.0	85.0	180.0	100.0

续上表

组团	大区编号	2020年		2050年	
		常住人口	就业岗位	常住人口	就业岗位
东部组团	B1	39.0	31.1	62.3	49.8
	B2	16.0	12.8	25.5	20.4
	B3	17.0	13.6	27.1	21.7
	B4	22.0	17.5	35.1	28.1
	小计	94.0	75.0	150.0	120.0
西北组团	C1	39.9	24.9	49.9	30.2
	C2	20.4	12.8	25.5	15.4
	C3	17.9	11.2	22.4	13.5
	C4	19.1	11.9	23.9	14.5
	C5	20.2	12.6	25.2	15.3
	C6	12.7	7.9	15.9	9.6
	C7	14.0	8.8	17.5	10.6
	C8	7.8	4.9	9.7	5.9
	小计	152.0	95.0	190.0	115.0
南部组团	D1	14.9	11.9	23.8	16.4
	D2	18.6	14.9	29.8	20.5
	D3	11.5	9.2	18.4	12.6
	D4	5.0	4.0	8.0	5.5
	小计	50.0	40.0	80.0	55.0
合计		420.0	295.0	600.0	390.0

3. 人均日出行次数

甲市不同目的的人均日出行次数现状及预测值如表1-5所示。

甲市人均日出行次数现状及预测值　　　表1-5

年份	上班	上学	公(商)务	自由
	就业人口人均	就学人口人均	就业岗位人均	居住人口人均
现状	1.000	1.158	0.073	0.427
2020	0.950	1.100	0.145	0.469
2050	0.900	1.042	0.181	0.512

一般来说，回家目的的出行与其他目的的出行成对发生的可能性较大。根据甲市中心组团和东部组团居民出行调查，各种目的的出行完成后下一个出行目的为"回家"（即一次出行活动完成后直接回家）的比例如表1-6所示。因此，对回家出行的生成量考虑其他目的出行的回家比例进行计算，不另行设定人均回家出行次数。

甲市不同目的出行的直接回家比例　　　表1-6

上班	上学	公(商)务	自由
90.6%	96.7%	63.0%	85.2%

4. 交通生成量预测

交通生成量的预测方法如下：

各目的生成量 = 各目的对应人口指标的人均出行次数 × 各目的对应人口指标

根据各交通小区的居住、就业、就学人口以及就业岗位，按照以上方法预测出不同目的的出行生成量。甲市各目的出行生成量汇总于表1-7。在此基础上得到甲市2020年、2050年各交通小区的发生量和吸引量。

甲市交通生成量及人均日出行次数预测结果　　　　表1-7

年　份	2020年		2050年	
单位	万人次	%	万人次	%
上班	263.88	24.0%	358.14	23.8%
上学	119.68	10.9%	162.00	10.8%
公(商)务	42.81	3.9%	70.75	4.7%
自由	197.06	17.9%	307.10	20.5%
回家	476.87	43.3%	603.89	40.2%
合计	1 100.30	100%	1 501.88	100%
居住人口人均日出行次数	2.62次/(人·d)		2.50次/(人·d)	

(三) 交通分布量预测

1. 目的地选择模型

把城市市民的出行分布视为个人出行目的地选择的结果，用离散选择模型来描述这种选择目的地小区的行为。假定出发小区 i 的出行选择小区 j 作为目的地时，其效用函数 U_{ij} 为：

$$U_{ij} = V_{ij} + u_{ij} \tag{1-1}$$

式中：V_{ij}——以土地利用特性及交通条件等为自变量的目的地效用的确定项；

u_{ij}——服从相互独立的 Gumbel 分布的误差项。

则选择概率可以用下式来表示。

$$P_t(j) = \frac{\exp(V_{ij})}{\sum_{k \in C_t} \exp(V_{ik})} \tag{1-2}$$

式中：C_t——出行者 t 可能的目的地小区集合。

对于每一个出行者来说，选择目的地实际上是选择目的地小区内的特定设施，可以确定一个表示目的地小区设施规模的变量 S_j^*（如面积、人口等）作为基准变量，用式(1-3)表示目的地效用的确定项 V_{ij}。

$$V_{ij} = \ln S_j^* + \sum_n \theta_n x_{ij} \tag{1-3}$$

式中：x_{ij}——影响目的地效用的其他因素；

θ_n——待定参数。

每一个出发小区的每一个出行者可以选择的目的地小区的范围可能不同，必须首先确定目的地备选集合，然后在目的地选项集合中选择具体的目的地小区。也就是说，出行者的目的地选择过程分为两个阶段：确定一个小区是否作为备选目的地（目的地识别阶段）和选择目的地备选集合中的目的地小区（目的地选定阶段）。

2.交通分布预测结果

根据目的地选择模型预测的将来出行交通量分布情况，主要包括2020年、2050年的全目的出行分布期望线、上班目的出行分布期望线。

（四）全方式道路网客流量预测

有了预测年度全目的出行分布量及远期道路网，即可通过交通分配模型计算出全方式的道路网路段客流量，参见图1-3。如果采用以上班为目的的出行分布进行交通分配，则可反映未建轨道交通情况下道路网上高峰时段的客流量情况。这为城市轨道交通线网的方案设计提供了需求量方面的指导。

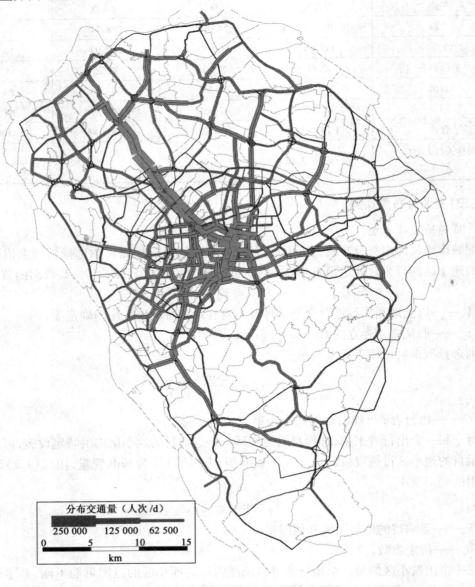

图1-3 甲市2020年道路网全方式路段客流量图

第三节　线网规划方案设计

一、线网规划的基本原则和技术路线

（一）基本原则

（1）远期轨道交通线网规划要符合《甲市城市总体规划（2005—2020年）》的要求，远景轨道交通线网规划要符合《甲市城市远景发展研究（2050年）》的要求。线网规划应当具有一定的前瞻性，引导和促进甲市多中心组团式空间布局结构的形成。

（2）远期和远景轨道交通线网规划要与《甲市综合交通发展规划》制定的发展目标相适应，促进甲市公共交通的快速发展，提升公共交通服务水平，满足城市客运交通发展需求，引导客运交通结构向快速、环保、节能的方向发展。

（3）轨道交通线网规划要体现稳定性、灵活性、连续性的统一。稳定性是指在甲市主城区和其他重要建成区的线网规划要稳定；灵活性指在甲市主城区以外地区的线网规划要为发展变化留有余地；连续性指线网规划应随主城区总体规划的调整扩展而不断扩充发展。

（4）轨道交通线网布局应支持甲市总体规划的土地利用规划目标，利用轨道交通提供的快速、大容量功能，引导土地开发方向，合理提高和分配土地开发强度，促使轨道交通沿线土地开发效益的最大化。

（5）充分发挥已规划城际轨道交通线在甲市域范围内的城市客运功能，城市轨道交通线路的走向应避免与城际轨道交通线路重合，避免两者之间的客流竞争。

（二）技术路线

（1）基于《甲市城市总体规划（2005—2020年）》，运用客流预测技术分析远期（2020年）和远景（2050年）甲市市区和市域的主要客流走廊及道路网拥挤程度。

（2）针对甲市远期和远景的城市发展目标及城市综合交通发展目标，综合分析甲市轨道交通的作用，提出甲市轨道交通系统的功能定位，估算城市轨道交通的线网规模。

（3）根据甲市规划期的城市空间布局发展要求、客流走廊及主要集散点分布、主要道路拥挤状况，研究甲市城市轨道交通线网的合理结构，拟订甲市远期和远景城市轨道交通线网规划初步方案。

（4）运用客流预测技术对初步方案进行客流预测；基于客流预测结果、现场踏勘情况、甲市政府相关部门的意见等对初步方案进行全面修改，形成甲市城市轨道交通线网规划备选方案。

（5）运用客流预测技术对轨道交通线网备选方案进行客流预测；采用定性与定量分析相结合的方法对线网备选方案进行综合评价和比选，提出甲市城市轨道交通线网的推荐方案。

（6）研究甲市城市轨道交通线网实施方案，确定各条线路的主要技术标准、线路的控制线位及线路敷设方式、线路及车站的设施用地控制规划、换乘站的布局规划方案及设施用地控制规划、系统运营管理模式、车辆段与停车场分布与规模、联络线规划方案与形式等。

（7）根据甲市的近、远期发展重点及与珠三角地区之间的关系，从满足交通需求和引导城市发展角度，确定甲市城市轨道交通线网建设顺序和建设时机。

线网方案设计的过程及主要环节如图1-4所示。

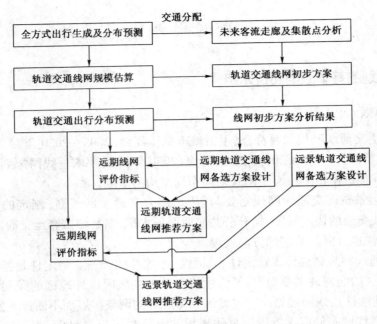

图 1-4 甲市城市轨道交通线网方案设计过程示意图

二、主要客流集散点与客运走廊分析

(一) 主要客流集散点分析

主要客流集散点是城市轨道交通线网方案设计中需要考虑的重要方面。

甲市现状的主要客流集散点有 56 个,远期及远景规划的各类集散点数量分别有 80 个、83 个。

(二) 主要客流走廊分析

现状客流走廊是现状道路网中高峰小时断面客流量达到 1 万人/h 以上的那些路段,可以通过现状交通调查资料分析得到。

远期和远景的客流走廊可以通过相应时期的全方式路段客流预测量选取,参见图 1-3。

(三) 城市对外交通规划

甲市没有机场,但有 3 条城际铁路线。这些城际铁路线除了作为甲市与附近的机场、铁路主客站的快捷联系通道之外,还是甲市市区与部分城镇的快捷联系纽带。

三、线网方案设计与分析

(一) 线网方案设计要点

(1) 强化甲市中心区对市内及市外的交通服务水平及便捷程度,打造具有强大吸引力的甲市中心,提升甲市在珠江三角洲城市群中的竞争力。

(2) 利用城市轨道交通线网优化甲市综合交通结构。在利用城市轨道交通网疏解主要交通通道客流的同时,在中心区应注意弥补既有道路网结构的缺陷,在外围组团应弥补城际轨道交通线网的不足。

(3)考察城市组团的空间分布关系及各功能区之间的相互联系,尽可能用较短直的线路把具有紧密联系的组团连接起来。

(4)考察规划期的主要客流走廊分布情况及客流走廊上的道路饱和度。当客流走廊客流量较大但相距较近时,优先选择饱和度较高的路段作为轨道交通线路走向方案。

(5)考察规划期主要集散点分布情况,轨道交通线路应尽量经由城市的大型客流集散点。

(6)在满足主客流走向的同时,尽量沿着较宽阔的道路选线,以减少动拆迁工程量,降低工程投资。

(7)在城市外围地区,如有必要,可通过岔线扩大轨道交通线网吸引范围。

(8)选择线路走向时应考虑车辆段、停车场的位置和连接两相邻轨道交通线路间的联络线。

(9)选线时要考虑出岔点、换乘站、过渡段等困难地段的工程可行性及经济性。

(10)选线时要结合沿线用地规划,尽可能扩大线路与用地开发的结合效益。

(11)线路应避开不良地质、施工难度大、施工协调难度高的地带,减少工程投资及工期风险。

(二)线网结构分析

典型的城市轨道交通线网结构有格栅形、无环放射形、有环放射形等,不同的线网结构对运营效果、引导城市发展等所产生的影响不同,参见表1-8。

线网结构对运营与引导城市结构布局的影响　　　　表1-8

结构类型	结构形式	功能特点
格栅形		◆ 线路分布较均匀,平行线间换乘需2次或以上,换乘次数较多 ◆ 引导城市人口和工作岗位相对均匀分布,市中心各地块的活动强度差异较小
无环放射形		◆ 任意两条线间均可换乘,交叉区域相对分散可避免人流过于集中 ◆ 线路交叉形成若干换乘站,换乘站周围区域有利于形成市中心CBD区,可促进市中心区的高密度土地利用;城市形态会向生态环保的手掌状发展
有环放射形		◆ 具有无环放射形的优点,同时又强化了市区外围的周向交通联系 ◆ 对于人口规模大的城市,在环线上容易发展成多个副中心,引导城市向多中心轴线式结构发展

甲市城市轨道交通线网结构的选择要考虑城市空间结构规划、甲市客流交通走廊分布、线网规模等因素。

甲市城市空间结构规划由中心组团、西北组团、东部组团、南部组团4个组团构成。中心城区将形成以主城区为核心,周边各区在空间上紧密相连、功能有机互补,共同构成融为一体的、规模得到扩大的、功能得到完善的空间布局,呈现出"两主六副"的结构,成为具有强大服务辐射能力的市域功能核心区。

根据甲市城市空间结构规划、甲市客流交通走廊分布、城市轨道交通不同线网结构的功能特点等因素综合分析,甲市域城市轨道交通线网结构宜采用放射形结构,而不宜采用格栅形结构。

甲市城市轨道交通线网要兼顾城市轨道交通服务水平及运营效率两方面。根据与国际上同类城市轨道交通线网规模的类比分析结果,甲市远期的线网规模在 84～180km 范围内比较合理。

(三)初拟线网方案

初拟线网方案时,对合理的线网规模还没有具体的认识,但没有具体线网方案就不能进行客流预测。因此,基于已有的城际铁路网规划试探性地提出了 3 个远期线网方案。图 1-5 是其中的一个方案。对每个方案,需要描述其总体构思,各条线路的起终点、线路走向、功能及长度。方案一、方案二、方案三的线网里程分别是 119km、169km、195km。

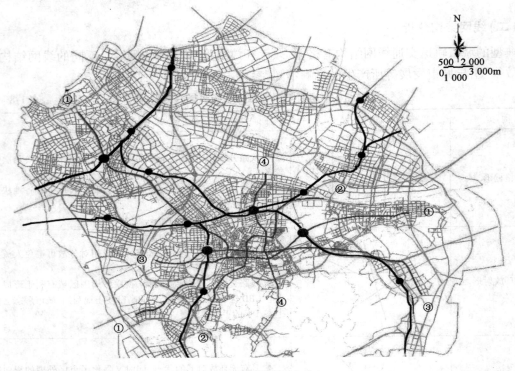

图 1-5 远期线网规划方案之一

(四)线网方案的客流预测及分析

有了具体的轨道交通线网方案,就可以建立城市综合交通路网模型。把各预测期(例如 2020 年)的公共交通 OD 预测量加载到该综合交通路网上,可以得到轨道交通线路上的断面客流量。图 1-6 是其中一个方案的高峰小时客流预测量示意图。

分析各方案的客流预测结果,对原来的规划方案进行调整:

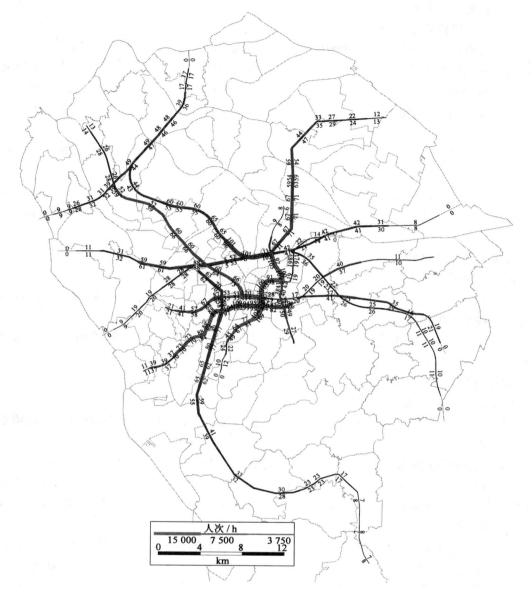

图1-6 远期规划方案之一的高峰小时客流预测量

(1)如果多数线路大部分路段的单向断面客流量均小于1万人/h,则说明此方案线网规模偏大,需要精简线路。

(2)如果线路的单向断面客流量均大于5万人/h,则需考虑加密平行方向的线路。

(五)备选方案的形成

1.线网备选方案的形成过程

一般而言,通过增减线路、调整线路局部走向都会形成不同的临时线网方案,这些方案应经过实地踏勘、走向可行性论证后才能作为正式的线网规划方案,然后再对这些线网规划方案进行客流预测。通过"方案修改论证—客流预测—方案修改论证"的反复循环过程,可以得到若干可行且越来越有效的备选方案。

2. 通过增减线路形成新的线网方案

通过客流预测分析后,可以判断出既有的线网规划方案的规模是偏大还是偏小。

在线网规模偏大的情况下,一般会减少中心区线路的条数。在这种情况下,为了使减少规模后的线网仍能够较好地为那些最需要轨道交通的客流集散点及客流走廊服务,在删除某一线路后,其附近的其他规划线路位置可能会因此而移动,从而使线网分布在空间及客流强度上更为均衡。

反之,当线网规模方案偏小时,一般会在中心区加密线路,这同样可能会使加密线路附近其他规划线路的位置发生移动。

轨道交通线路的移动,会引起换乘站、中间站甚至停车场等设施设置的变化,在形成备选方案时都要针对这些进行工程可行性及实施效果(建设成本、客流量、开发效益等方面)的论证与分析。

3. 通过调整线路的局部走向形成新的线网方案

调整线路的局部走向也可以形成不同建设效果的线网方案。

对既有的较优线网方案的各条线路,逐条踏勘,考察其可工程实施性、周边开发性及客流潜力。一些典型的情形如下:

(1)线路所经之处遇到实施难度特别大(动拆迁量巨大、不良地质等)的场所,可以通过改移局部线路走向形成不同的线网方案。

(2)线路沿线附近有新增的大规模开发空间,通过调整局部线路谋求轨道交通与开发区域更好地结合的线位及站位方案。

(3)线路经过某个换乘枢纽附近,从网络上看本线路有必要经过该换乘枢纽,为此调整线路的局部走向。

(4)线路的不同区段经由不同的客流走廊,会形成不同的线网方案。

(5)实施时期会影响线网方案。如图1-5所示,某镇在①、②号线的端部附近,如果①号线先建,②号线要等5年以上才会建设,则该镇的支线可能优先通往①号线;反之,若②号线先建,则该镇的支线可能优先通往②号线。

(6)停车场和车辆段的位置会影响线路的走向。没有停车场的线路是无法运营的,停车场一般设在线路端部以便于运营。停车场需要一定的空间,在城市客流密集区不易找到,时常会因寻找适当的停车场而把线路引到某个客流量并不大的地方。

车辆段所需的空间比停车场更大,为减少检修列车的空驶距离,一般力求车辆段靠近线路,这样线路会被引入到可行的车辆段附近。

通过上述的线网方案生成—客流预测—评价、生成新方案—再客流预测—再评价的循环反复的过程,不断地优化方案。最后,针对不同的规划期(远期、远景)可以得到若干有比较价值的备选方案。

第四节 线网备选方案的综合评价

通过前面的研究,获得了远期及远景的线网备选方案。设已有远期线网备选方案一、方案二及方案三。下面简要介绍线网备选方案综合评价的方法和过程。

一、综合评价方法

线网备选方案综合评价的目的是为了评选出符合城市发展规划和城市综合交通发展规划、运营效果好、经济效益较好的可实施方案。

(一)综合评价的步骤

线网备选方案的综合评价采用定性分析与定量分析相结合的方法进行。具体步骤如下：
(1)建立线网评价指标体系。
(2)根据专家经验确定指标权重。
(3)计算各类指标值，并根据指标值进行打分。
(4)对各方案的评分进行综合。
(5)根据综合分值进行方案比选。

(二)综合评价指标体系

线网备选方案综合评价指标体系包括准则层及指标层。

准则层包括线网与城市发展的协调性、与城市综合交通发展的协调性、轨道交通线网服务水平、轨道交通线网运营效果、轨道交通线网可实施性五个方面。各准则层包括的指标如下：

(1)线网与城市发展的协调性：从宏观层面考察线网方案与城市空间结构的吻合程度。具体指标包括CBD与区镇联系的紧密度、线网与主要客流集散点的协调性、线网与居住区的协调性。

(2)线网与城市综合交通发展的协调性：从宏观层面考察线网方案与城市综合交通发展战略、对外交通设施的吻合程度。具体指标包括外围组团至CBD的出行时间、轨道交通分担率、与对外交通衔接的协调性。

(3)轨道交通线网服务水平：从使用者角度考察轨道交通线网的普遍性及方便性。具体指标包括市区线网密度、换乘系数。

(4)轨道交通线网运营效果：从运营者角度考察轨道交通线网在运营期的经济性及使用效率。具体指标包括：线路负荷强度、客流断面不均匀系数。

(5)轨道交通线网可实施性：从建设者角度考察城市轨道交通线网建设的难易程度。具体指标为城市轨道交通线网总工程费。

二、评价指标的计算

各评价指标的含义及指标值如下：
(1)CBD与区镇联系的紧密度

该指标以甲市通过轨道交通直接联系CBD的区镇数量占区镇总数的比例来表示。该指标为正效益指标，指标值越大越好。

经计算，方案一、方案二、方案三的该指标值分别为79%、83%、83%。

(2)线网与主要客流集散点的协调性

该指标以线网覆盖的客流集散点数量与总的客流集散点的比例来表示。该指标为正效益指标，指标值越大越好。

经计算，方案一、方案二、方案三的该指标值分别为38.8%、46.3%、50.0%。

(3)线网与居住区的协调性

该指标以甲市中心城线网覆盖的居住区人口与中心城规划居住总人口的比例来表示。该指标为正效益指标，指标值越大越好。

经计算，方案一、方案二、方案三的该指标值分别为32.6%、39.9%、46.5%。

(4) 至CBD出行时间45min圈的面积比

在城市综合交通发展战略目标中，希望外围组团至CBD的出行时间小于45min。这里用至CBD的出行时间45min圈的面积与甲市市域面积的比来表示各方案对该目标的实现程度。该指标值越大越好。

经计算，方案一、方案二、方案三的该指标值分别为55.7%、55.7%、55.7%。

(5) 轨道交通分担率

该指标为甲市轨道交通出行量占全方式出行量的比例，通过交通分配可以计算出此指标。该指标值越大越好。

经计算，方案一、方案二、方案三的该指标值分别为3.5%、3.7%、4.0%。

(6) 与对外交通衔接的协调性

该指标通过与铁路主、辅客站联系的城市轨道交通线路条数来表示。有2条及以上城市轨道交通线路连接为"好"，一条为"较好"，没有线路连接为"差"。

经考查，方案一、方案二、方案三的该指标值分别为较好(0.65)、好(0.8)、好(0.8)。

(7) 中心城区线网密度

该指标为甲市中心城区范围内城市轨道交通线网长度与中心城区面积的比值。该指标值越大，中心城区轨道交通的服务水平就越高。

经计算，方案一、方案二、方案三的该指标值分别为0.111、0.144、0.181。

(8) 换乘系数

该指标为城市轨道交通客运量与城市轨道交通出行量的比例。该指标为负效益指标，其值越大，轨道交通服务水平越差。

经计算，方案一、方案二、方案三的该指标值分别为1.67、1.92、1.91。

(9) 线路负荷强度

该指标为城市轨道交通线网客运量与线网里程之比。该指标为正效益指标，其值越大，线网运营的直接效益就越好。

经计算，方案一、方案二、方案三的该指标值分别为1.39万人/(d·km)、1.35万人/(d·km)、1.12万人/(d·km)。

(10) 断面客流不均匀系数

设某线网方案有n条线，某条线路i的双向断面客流量分为m段，则该线网的断面客流不均匀系数P可用下式表示：

$$P = \frac{\sum_{i=1}^{n} Q_{i\max}/Q_{ia}}{n} \tag{1-4}$$

$$Q_{ia} = \frac{\sum_{j=1}^{m} q_{ij} \cdot l_{ij}}{\sum_{j=1}^{m} l_{ij}} \tag{1-5}$$

式中：q_{ij}——第i条线第j个断面的双向客流量；

l_{ij}——第i条线第j个断面的长度；

$Q_{i\max}$——第i条线的最大双向断面客流量。

该指标为负效益指标,指标值越大,运营配车及行车效率就越低,运营成本就越高。

经计算,方案一、方案二、方案三的该指标值分别为2.03、1.93、1.93。

(11) 总工程费

总工程费根据线路敷设方式及施工难易程度进行估算,包括一般工程费及特殊工程费。

一般工程费是指一般施工及拆迁难度地段的工程费,地上(地面及高架)段按3亿元/km估算,地下段按6亿元/km估算。

特殊工程费是指特殊施工及拆迁困难地段的工程费,应根据具体情况估算增额投资费用。

经计算,方案一、方案二、方案三的线网长度与总工程费如表1-9所示。

甲市远期线网可实施性评价指标表　　　　表1-9

方案名称	线网总长(km)	线网地下段长(km)	总工程费(亿元)
方案一	50.0	16.5	199.5
方案二	64.7	25.9	271.5
方案三	81.9	33.5	346.0

三、评价指标的分值

定性指标由专家分级打分,并按表1-10估算指标分值;定量指标根据指标范围进行归一化处理,然后按表1-10计算指标分值。

甲市轨道交通线网方案综合评价指标的评分表　　　　表1-10

指标分级	好	较好	一般	较差	差
正效益指标	1.0~0.81	0.8~0.61	0.6~0.41	0.41~0.21	0.21~0
正效益指标分值	100~81	80~61	60~41	41~21	21~0
负效益指标	0~-0.20	-0.21~-0.40	-0.41~-0.60	-0.61~-0.80	-0.81~-1.0
负效益指标分值	0~-20	-21~-40	-41~-60	-61~-80	-81~-100

四、评价指标的综合

评价指标综合是计算各备选方案综合分值的过程,计算公式如下:

某方案的综合分值 = ∑该方案的各指标值×该指标权重

指标权重通过专家咨询打分确定,各指标的权重见表1-11。

甲市线网备选方案综合评价的指标权重　　　　表1-11

准则层		指标层	
准则	准则权重	指标	指标权重
与城市发展规划的协调性	25	CBD与区镇联系的紧密度	40
		线网与主要客流集散点的协调性	30
		线网与居住区的协调性	30
与城市综合交通发展规划的协调性	25	至CBD出行时间45min圈面积比	40
		轨道交通分担率	30
		与对外交通衔接的协调性	30

续上表

准则层		指标层	
准则	准则权重	指标	指标权重
轨道交通线网服务水平	15	中心城区线网密度	50
		换乘系数	50
轨道交通线网运营效果	20	线路负荷强度	60
		断面客流不均匀系数	40
轨道交通线网可实施性	15	总工程费用	100

甲市远期三个线网备选方案的各项评价指标值及指标分值汇总于表1-12。

甲市远期线网备选方案的综合评价指标值一览表　　表1-12

方案名称	综合权重	指标值			指标分值		
		方案一	方案二	方案三	方案一	方案二	方案三
CBD与区镇联系的紧密度	10	0.79	0.83	0.83	9.5	10	10
线网与主要客流集散点的协调性	7.5	0.388	0.463	0.5	5.8	6.9	7.5
线网与居住区的协调性	7.5	0.463	0.567	0.66	5.3	6.4	7.5
至CBD出行时间45min圈面积比	10	0.557	0.557	0.557	10.0	10.0	10.0
轨道交通分担率	7.5	0.035	0.037	0.04	6.6	6.9	7.5
与对外交通衔接的协调性	7.5	0.65	0.8	0.8	6.1	7.5	7.5
中心城区线网密度	7.5	0.11	0.144	0.181	4.6	6.0	7.5
换乘系数	-7.5	1.67	1.92	1.91	-6.5	-7.5	-7.5
线路负荷强度[万人/(d·km)]	12	1.39	1.35	1.12	12	11.7	9.7
断面客流不均匀系数	-8	2.03	1.93	1.93	-8.0	-7.6	-7.6
总工程费	-15	199.5	271.5	346	-8.6	-11.8	-15
综合分值		—	—	—	36.8	38.5	37.1

根据表1-12的综合分值，选择具有最大综合分值的方案二作为推荐方案。

第二章 线 路 设 计

第一节 线路设计的阶段

城市轨道交通线路设计是针对某条规划线路,按不同的设计阶段,对该条轨道交通线路的走向及其平面、纵断面和横断面位置,逐步由浅入深,进行研究与设计,最终确定最合理的线路三维空间位置。

城市轨道交通线路设计,一般分三个阶段进行,即工程可行性研究(以下简称工可)阶段、初步设计(以下简称初设)阶段和施工图设计(以下简称施设)阶段。

工可阶段线路设计的主要任务是要提出线路的设计原则、设计标准,并通过对线路多方案比选,确定线路走向、车站位置以及车站辅助线的分布等。

初设阶段是在工可确定的线路走向的基础上,确定线路的平面位置、曲线半径的选择、线间距以及上下行线纵断面的设计。

施设阶段是在初步设计确定的线路平面位置的基础上,对线路平面及纵断面进行精确计算和详细设计。

第二节 工可阶段线路设计案例分析

下面以上海轨道交通11号线北段工程为例,对线路设计进行介绍和分析。11号线北段工程是一条横贯上海西北、东南方向的轨道交通线路,起于嘉定区城北路的嘉定北站,终于浦东新区外环线附近的罗山路站,全长约67km(含支线),全线共设34座车站。该工程分为两期建设,一期工程从嘉定北站至华山路中间风井,二期工程从华山路中间风井至罗山路站,参见图2-1。

一、线路设计原则

(一)线路设计原则的相关规定

《地铁设计规范》(GB 50157—2003)(以下简称《地铁设计规范》)对线路设计原则主要有以下几条规定:

第5.1.2条规定:"地铁线路的选定应根据城市轨道交通线网规划进行。"

第5.1.3条规定:"地铁的线路敷设方式,应根据城市总体规划和地理环境条件因地制宜地选择,一般在城市中心地区宜采用地下线,其他地区条件许可时宜采用高架线或地面线。"

第5.1.4条规定:"地铁的线路平面位置和高程应根据城市现状与规划的道路、地面建筑物、管线和其他构筑物、文物古迹保护要求、环境与景观、地形地貌、工程地质与水文地质条件、

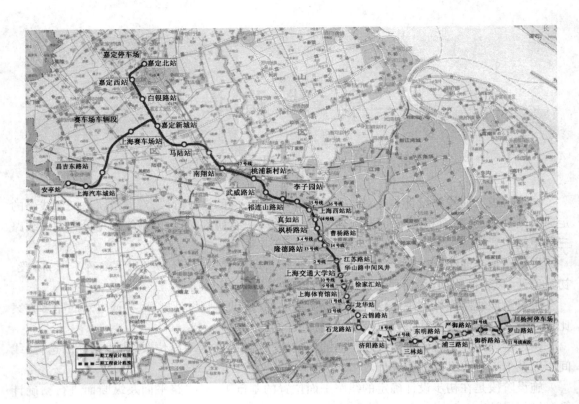

图 2-1　上海轨道交通 11 号线北段工程线路走向示意图

采用的结构类型与施工方法,以及运营要求等因素,经技术经济综合比较后确定。"

第 5.1.5 条规定:"地铁的线路宜按独立运行设计。根据客流需要并通过论证,线路可按共线运行设计,但其出岔站汇入方向的线路应设平行进路。"

第 5.1.6 条规定:"地铁的线路之间及与其他轨道交通线路之间的交叉处,应采用立体交叉。"

(二)线路设计主要原则

根据《地铁设计规范》所规定的线路设计的一些主要原则,结合城市的具体发展和设计线路的具体情况,编制线路设计的主要原则为:

(1)线路走向应符合城市总体规划和城市轨道交通路网规划要求,与城市发展方向一致。

(2)本线与轨道交通线网的多条线路相交,相交处采用立体交叉方式。

(3)线路平面应尽量沿城市道路敷设,平行于道路红线设站。

(4)线路平面位置应在满足功能要求的前提下,充分考虑地形、地貌、工程地质、水文地质,既有的和规划的地下管网、道路、河流的关系。

(5)根据运营组织、行车交路、线路条件设置辅助线。

(6)根据城市现状和规划要求,因地制宜确定线路敷设方式。中心城以内基本采用地下线;中心城以外基本以高架线和地面线为主。

(7)地下线的线路纵断面设计要充分考虑地下桩基础、管网、河流、车辆性能、运营特点和施工方法等因素。有条件时,地下段线路纵断面宜按"高站位、低区间"的节能坡设计,以利于运营。

（8）高架线的线路平、纵断面设计应注意环境保护和景观效果。桥下净空满足桥下道路和河道的净空要求。

（9）根据本线在轨道交通路网中的功能定位及线路工程条件，平面曲线半径的选择以适应曲线地段列车实际运行速度要求和因地制宜为前提。

二、设计标准

线路设计标准主要是根据线路工程条件确定线路的平面最小曲线半径，线路最大纵向坡度以及竖曲线半径等。《地铁设计规范》对线路的最小曲线半径、线路最大纵向坡度以及竖曲线等均作了规定，但有些规定特别是平面曲线最小半径和竖曲线半径等是轨道交通设计的最低标准，由于线路平面曲线及纵向坡度等对列车的平稳、快速运行及乘客的舒适度会产生直接影响，因此尽可能采用较大的曲线半径是线路设计的宗旨。但是曲线半径的选用往往受地形、地物、工程地质和水文地质等诸多因素的限制，因此在设计时还要尽可能减少线路的土建工程量，降低工程造价，并能满足列车运行速度和旅客舒适度的要求。根据线路实际的工程条件，本线路确定了线路设计的主要技术标准为：

（1）线路平面最小曲线半径

区间正线：中心城段为350m；市郊段一般为800m。

联络线、出入线段：250m，困难时可为150m。

车站：站台段线路宜设在直线上，困难地段可设在半径不小于800m的曲线上。

（2）线路纵坡

区间正线：最大纵坡为30‰，最小纵坡度一般为3‰。

出入段线、联络线：最大纵坡为40‰。

车站正线：高架车站和地面车站一般设在平坡段上，困难条件下可设在不大于3‰的坡段上。地下车站纵坡为2‰。

道岔一般设在不大于5‰的坡道上，困难地段可设在不大于10‰的坡道上。

地下折返线和停车线，应布置在面向车挡的下坡道上，其坡度为2‰；地面折返线和停车线可设在平坡道上。

（3）竖曲线半径

区间正线：中心城一般为5 000m，困难地段为3 000m；郊区一般为8 000m，困难地段为5 000m。

车站端部：中心城一般为3 000m，困难地段为2 000m；郊区一般为4 000m，困难地段为3 000m。

辅助线：2 000m。

（4）高架线与道路净空高度

主干路：不小于5.5m。

次干路：不小于5.0m。

其他道路：不小于4.5m。

铁路：不小于6.75m（穿越高速铁路时不小于7.00m）。

（5）站台计算长度：140m

对于站台计算长度的计算方法，《地铁设计规范》（GB 50157—2003）和上海市地方标准

《城市轨道交通设计规范》(DGJ 08-109—2004)的规定有所不同,《地铁设计规范》规定"站台计算长度应采用远期列车编组长度加停车误差",上海市《城市轨道交通设计规范》规定"站台计算长度应采用远期列车编组辆数有效使用长度加停车误差",按《地铁设计规范》规定,计算长度采用140m。

(6)折返线有效长度:140m(远期列车编组长度)+40m(不含车挡)

三、线路的走向及平面方案

在工可阶段,对规划线位从土地利用、规划条件、客流吸引、工程可实施等方面进行深入的方案比选,以期得到更加合理的线路走向及平面方案是工可阶段线路设计的主要内容,通过这个阶段的研究,线路的走向和平面方案应基本确定。下面以上海轨道交通11号线某两段线路为例对在工可研究中的线路走向及平面方案的确定中需要主要考虑的一些因素及研究的思路进行说明。

(一)桃浦新村段线路

1. 案例背景及方案描述

该段线路是上海轨道交通11号线北段工程自西向东穿越桃浦镇全境的一段线路。桃浦镇位于普陀区的西北部,北与宝山区接壤,西、南面与嘉定区接壤,东面则是普陀区的长征镇和真如镇,镇域面积$18.67km^2$,镇域内有桃浦新村、莲花公寓、昆仑花园、复地美墅等居住区,还有同济大学沪西校区及上海信息学校等教学研究机构,也有规模较大的桃浦工业区、新杨工业区和未来岛物流园区,其中桃浦新村现有居民约10万人,11号线设置的桃浦新村站主要为其服务。

该段线路的规划线路的走向是:线路出南翔站以后,沿着沪嘉高速公路南侧的绿化带向东走行,至真南路后转向南沿真南路走行,在沪嘉高速公路南侧绿化带和真南路路口设桃浦新村站、在武威路路口、祁连山路路口、交通路路口分别设武威路站、祁连山路站和李子园站,参见图2-2的方案一。

从规划线路的走向和设站的站位来看,桃浦新村站的北侧受全封闭的沪嘉高速公路的阻隔,很难吸引到其北侧的客流,而在其南侧是一个已经发展成熟的居民住宅区,居住人口约7万人,该区由于离市中心区较远,公交车运行速度较慢,居民出行多有不便。桃浦新村站主要就是为方便该小区的居民出行而设置的。按规划的站位,桃浦新村站位于小区区界的北侧,该站位虽然能为小区的居民出行提供服务,但提供的服务不是非常便利,特别是对居住在小区南侧的居民来说,需要走行1km以上才能乘上轨道交通。从线路的纵向布置来说,线路出南翔站之后向东走行一段距离后就进入上海的中心城区,需要采用地下线的方式,线路走行在沪嘉高速公路南侧绿化带内比较容易选择从高架转向地下的敷设方式变化的过渡段的位置。

考虑到能为桃浦新村居民提供更有效的服务,同时也能为轨道交通11号线吸引到更多的客流,提出了线路穿越桃浦新村的线路走向,参见图2-2的方案二。具体的线路走向方案为:线路出南翔站之后,沿沪嘉高速公路向东,至蕴藻浜后,沿蕴藻浜西侧绿化带向南走行,在蕴藻浜西侧绿化带内设置从高架转向地下的过渡段,然后以地下线的形式下穿蕴藻浜至桃浦新村内的武威路上,在红棉路口设桃浦新村站。在转至真南路处的地块中结合地块开发设置武威路站。

2. 方案分析

上面两个方案的确定实际上都考虑了土地的集约化利用、现状客流的吸引、线路条件的可

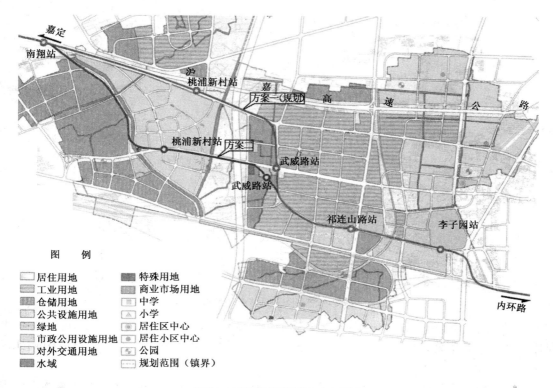

图 2-2 桃浦新村段线路走向方案图

实施性这三个在线路方案比选中需要着重考虑的因素。规划方案(方案一)的线路主要走行于沪嘉高速公路的南侧绿化带内,对于集约化利用土地、过渡段的设置对切割地块的影响都处理的比较好,但站位对服务桃浦新村整个小区客流的能力和水平都较差,而且由于沪嘉高速公路的阻隔,其很难直接吸引到沪嘉高速公路北侧的客流。而在推荐方案(方案二)中着重考虑了桃浦新村站位的设置对客流的服务水平,调整桃浦新村的站位至小区内部,缩短了乘客至车站的走行距离。同时线路主要沿着蕴藻浜西侧绿化带走行,也体现了集约化利用土地的要求,高架线转向地下线的过渡段设置在河边绿化带内不会对地块造成不合理的分割。因此综合比较这两个方案的优劣,最终选择了方案二的线路走向。

(二)龙华机场段线路

1. 案例背景及方案描述

该段线路是上海轨道交通 11 号线北段工程穿越龙华地区的一段线路,该区域是龙华机场区域,主要有龙华机场、龙华古寺、云峰集团、龙水小区、水泥厂等,由于龙华机场属于比较敏感的区域,因此规划方案沿龙吴路、龙水南路走行。

原来的规划方案的线路走向为:线路出上海体育馆站后沿龙华路、龙华西路、龙吴路、龙水南路至黄浦江边,在龙漕路处设龙漕路站,与 3 号线和 12 号线形成一个 3 线换乘枢纽。在靠近黄浦江边设龙水南路站,见图 2-3 的方案一。

随着城市的发展,对黄浦江两岸的规划重新定位,取消了对龙华机场的建设敏感区的控制,该区域规划建设金融、国际商贸、办公、公共活动中心,形成"三区、一带、十字功能发展轴"的功能结构,三区分别沿云锦路东侧的滨江商贸中心、沿龙吴路的产业研发区和位于中部的居

图 2-3 龙华机场段线路走向方案图

住区;一带是指滨江绿化带;"十"字功能发展轴指龙耀路、云锦路形成"十"字形功能发展轴和绿化景观轴。其中公共服务设施用地 106 公顷;居住用地 158 公顷;住宅用地 137 公顷;水域 14 公顷。规划人口约 6.0 万人。

为支持地区规划的调整,同时提升 11 号线对龙华地区的服务功能,该区段线路由避绕龙华机场的龙吴路方案调整为穿越现机场中心的云锦路方案。

具体的线路走向为:线路出上海体育馆站后沿龙华路、龙华西路、云锦路至黄浦江边。在龙华旅游城设龙华站,与 12 号线换乘,在待开发的龙华机场地块内分设云锦路站和石龙路站,见图 2-3 的方案二。

2. 方案分析

在确定方案一的走向时,由于龙华机场的规划尚未出台,龙华机场地块对线位的确定是一个限制因素,线路需要避开龙华机场敏感区,11 号线也不需要为龙华机场服务,因此线路沿龙吴路走行,并在龙漕路与 3 号线和 12 号线形成一座 3 线换乘枢纽是合理的。后期由于龙华机场的搬迁,敏感区域规划为建设金融和国际商贸中心,这需要 11 号线的进入来支持和促进该区域的发展,沿云锦路走行的方案适应了这样的一个需求,并在龙华古寺处的待重新综合开发的地块内设龙华站,与 12 号线换乘。在龙华机场开发区域内设云锦路站,在先期启动的开发区域内设石龙路站。上面两个方案都考虑了线路走向和土地现状利用而和规划利用的关系问题。若土地利用为现状利用而没有新规划时,应根据现状利用特性合理确定线路走向;若土地利用已有新规划且实施计划与线路建设计划能相互匹配时,应根据规划来合理确定线路走向;土地利用已有新规划且实施计划滞后于线路建设计划时,应充分考虑现状条件和规划预留条件,合理确定线路走向。

四、车站分布及站位设置

(一)车站分布

车站分布是保证城市轨道交通吸引客流、提高通过能力的一条重要的技术措施。车站分布主要考虑客流集散、城市规划、地区发展、与其他交通衔接等。《地铁设计规范》第 5.1.7 条规定:"地铁车站应设置在交通枢纽、地铁线路之间及与其他轨道交通线路交会处、商业、居住、体育、文化中心等大的客流集散点。车站间的距离应根据现状及规划的城市道路布局和客流实际需要确定,一般在城市中心区和居民稠密地区宜为 1km 上下行,在城市外围区应根据具体情况适当加大车站间的距离。"另外,还要考虑城市轨道交通本身的技术条件。所以,为了满足城市轨道交通 11 号线沿线客流的要求,从"以人为本"的原则出发,车站分布尽量做到经济、合理,方便乘客。下面以 11 号线北段工程的车站分布及站位设置为例进行说明。

根据沿线客流分布、城市现状及综合规划、网络换乘以及结合本工程线路平面布置,11 号线北段一期工程从主线起点设嘉定北站后,沿线设置了嘉定西站、白银路站、嘉定新城站、马陆站、环球乐园站(预留车站)、南翔站、桃浦新村站、武威路站、祁连山路站、李子园站、上海西站、真如站、枫桥路站、曹杨路站、隆德路站、江苏路站;为了照顾嘉定区安亭镇的客流,从嘉定新城站出支线至安亭,沿线设上海赛车场站、昌吉东路站、上海汽车城站和安亭站;在嘉定北站设出入场线进嘉定辅助停车场,在上海赛车场站设出入段线进赛车场车辆段;其中与线网换乘的车站有 5 座,与铁路枢纽换乘的车站有 1 座。11 号线北段二期工程起点是一期工程设计终点——华山路中间风井,沿线设置了上海交通大学站、徐家汇站、上海体育馆站、龙华站、云锦路站、石龙路站、济阳路站、三林站、东明路站、浦三路站、严御路站、御桥路站、罗山路站;在罗山路站设出入场线接川杨河停车场,与线网换乘的车站有 6 座。

本段线路车站分布合理,站位与公共交通衔接好,和城市规划相协调,能满足沿线乘客的需要,能吸引沿线主要居民聚集区、城市副中心、商业网点、公共交通换乘点的客流,有利于城市的开发、利用,综合效益好。如上海西站与铁路客运中心相衔接,有利于吸引客流,方便外地旅客乘车。真如站设在真如城市副中心,有利于带动副中心的启动和发展。

(二)站位设置

11 号线一期主线车站共 17 座。

(1)嘉定北站

该站位于嘉定老城区城北路、西和路路口北侧,为高架二层侧式车站,车站周边是老城区,出入场线从该站接出,车站结合停车场进行上盖综合开发。

(2)嘉定西站

该站位于胜辛路与西和路交叉口处的地块内,车站为高架二层岛式曲线车站,周边用地结合车站进行综合开发。

(3)白银路站

该站位于胜辛路与白银路口,为胜辛路路中高架三层侧式车站,周边用地结合车站进行综合开发。

(4)嘉定新城站

该站位于胜辛路与双丁路路口,为胜辛路路中高架三层一岛一侧式车站,该车站是支线接入主线的车站,该站位于规划的嘉定新城的中心,周边用地结合车站进行综合开发。

(5)马陆站

该站位于规划马陆镇开发区范围内,车站位于开发地块内,为高架三层侧式车站,周边用地结合车站整体开发。

(6)环球乐园站

该站位于沪嘉高速公路南侧,为高架二层车站,车站北侧为环球乐园,南侧为别墅区。

(7)南翔站

该站位于沪嘉高速公路南侧,丰翔路路口,为高架三层一岛一侧式小交路折返站,由于受用地限制,沪嘉高速公路下匝道纵向在车站地面层穿过。车站的设置将提升整个南翔镇镇区的总体功能并带动高速公路北侧地块的开发。在车站南广场内设置公交枢纽停车场,对公交客流的吸引、换乘、聚散极为有利。

(8)桃浦新村站

该站位于武威路与白丽路路口,为地下二层岛式车站,车站周围是桃浦新村大型生活区,客流吸引量大,非常方便居民的出行。

(9)武威路站

该站位于武威路、真南路、永登路围合的开发地块内,为地下二层岛式车站,周边规划为桃浦产业园区,现状周边多为简易民宅、工厂及仓储用地。车站的设置能带动周边地区的改造。

(10)祁连山路站

该站位于祁连山路西侧的真南路路中,沿真南路呈东西向布置。为地下二层岛式车站,站后设单渡线,规划桃浦产业园区东南片区域,现状部分物流区已经形成。车站的设置能加快周边地区的改造。

(11)李子园站

该站位于交通路西侧的真南路路中,沿真南路呈东西向布置,为地下二层岛式车站,车站北邻同济大学沪西校区,南为华星汽车广场。车站周围区域为既有居民小区、学校,地面交通较为繁忙,客流较大。

(12)上海西站站

该站位于普陀区真如地区的上海铁路西站南广场下,与国铁以及规划的15号线、16号线进行换乘,是轨道交通重要的大型换乘枢纽,也是一个较大的客流集散点,有利于居民的出行及公交客流的换乘,也有利于加强城郊之间的交往,带动城区经济的发展。

(13)真如站

该站位于曹杨路与铜川路路口,为带停车线的一岛一侧式车站,为地下二层,与14号线呈"十字"换乘,14号线为地下三层。该区域属规划市级副中心——真如副中心核心区域,规划功能以商贸为主,观光、服务、文化娱乐、居住为辅。该车站的设置有利于真如副中心的建设开发。

(14)枫桥路站

该站位于曹杨路与枫桥路路口,为地下二层标准车站,该区域属曹杨八村范围,居住人口较密集,客流量大。

(15)曹杨路站

该站位于轨道交通3号线车站以东的曹杨路下,与轨道交通14号线换乘,为上下行线上下重叠的地下三层岛式车站,本线上行线位于上层岛式站台西侧,下行线位于下层站台西侧,规划14号线位于东侧,形成同站台换乘。

(16)隆德路站

该站位于曹杨路北侧、吴淞江西侧的地块内,并与13号线换乘,由于受吴淞江防汛墙高程的控制,车站埋深较深,11号线为地下三层岛式车站,13号线在地下四层。

（17）江苏路站

该站位于愚园路、江苏路路口北侧，与2号线江苏路站换乘。受2号线路隧道高程的影响，车站埋深较深，为地下三层岛式车站，车站两侧控制建筑物较多。

一期支线车站共4座。

（1）上海赛车场站

上海赛车场站为配合上海国际赛车场的建设已经建成，车站设于上海国际赛车场内，为地下一层侧式站台车站。

（2）昌吉东路站

车站设于蕴藻浜北，规划昌吉路以西地块内，为地面侧式站台车站。

（3）上海汽车城站

设于规划安驰路北侧地块内，为高架二层侧式站台车站。

该地块规划为汽车贸易、展示区。

（4）安亭站

车站设于墨玉路以西、曹安路南侧的规划绿化带内，为高架二层单边侧式车站。

二期车站共13座。

（1）上海交通大学站

站址位于华山路、淮海西路交叉口，骑跨淮海西路，与沿淮海西路走向的在建10号线地下二层车站呈"十字"换乘，为地下三层岛式车站。

（2）徐家汇站

11号线车站位于虹桥路、恭城路西北侧现弘基广场地块内，为地下三层岛式车站，与9号线、1号线形成三线换乘，是基本线网中最重要的换乘枢纽之一。9号线车站位于港汇地下车库内，为地下二层岛式车站，与1号线、11号线形成换乘。

（3）上海体育馆站

站址位于上海体育场用地内的上海游泳馆东侧绿化带内，东邻上海八万人体育场，为地下三层岛式车站。

（4）龙华站

站址位于徐汇区龙华镇中心，骑跨龙华路设置，东望龙华港。站址北侧为全国重点文物保护单位龙华烈士陵园和龙华寺。龙华寺是上海地区历史最久、规模最大的古刹。车站与规划12号线车站呈"T"形布置。两站换乘通道通过与该地块龙华旅游城综合开发项目地下空间共同实施，同时在通道中部结合地面出入口设置换乘集散厅。车站为地下三层岛式车站。

（5）云锦路站

站址位于于云锦路、规划三路交叉口，站点位于龙华地区规划黄浦江南延伸段WS5（C）单元功能发展主轴与北次轴的交汇点。东临规划滨江商贸中心，西临规划绿带及居住区。站址现状为龙华机场跑道。车站为地下二层侧式车站（设双列位停车线）。

（6）石龙路站

站址位于云锦路下，石龙路以北。站址位于规划龙华地区黄浦江南延伸段WS5（C）单元功能发展主轴与南次轴的交汇点。东临规划滨江公共区，西临规划绿带及社区中心。车站为地下三层岛式车站。

（7）济阳路站

站址位于浦东济阳路西侧华夏西路北侧的休闲、交通集散广场内。济阳路站是6号、8号及11号线换乘车站,形成双岛同站台(地下三层)换乘。该站目前已与6号线车站同步实施。

(8)三林站

站址位于浦东新区三林地区的三林路、上南路交叉口,骑跨上南路设置,站址现状周边多为低层棚屋住宅及乡办企业用地,站址区域内的三林路(上南路~东明路)段尚未实施。车站及道路工程的建设将有力推动该区域的旧区改造。

(9)东明路站

站址位于浦东新区三林路、东明路交叉口,骑跨东明路设置。站址现状均为新建居住小区及20世纪90年代的公房居住区,沿街为配套商业设施,周边的居住密度较高,西北为三林公园。该站为标准的地下二层岛式车站。

(10)浦三路站

站址位于三林路与浦三路交叉口,骑跨浦三路设置。浦三路西侧三林路以北为"易买得"超市,以南规划为美国建材超市;浦三路东侧为规划一处公交枢纽及一些新建住宅小区。车站与公交枢纽的建设将进一步扩大轨道交通的服务范围。该站为地下二层侧式车站,站中设停车线。

(11)严御路站

站址位于御桥工业开发区的御桥路、严御路交叉口以西,沿御桥路呈东西走向。站址现状以东为汽车及汽配市场,以西为御桥生活垃圾发电厂。该站本次预留土建工程,为地下二层岛式车站。

(12)御桥路站

线路出严御路站东行至御青路口设御桥路站,车站呈东西走向。与沿御青路走向规划的18号线在此形成"十"字换乘,并设置两线联络线。站址周边为新建面积约193万 m^2 的"地杰国际城"大型居住区。车站为地下二层岛式车站,与规划的18号线形成"岛岛"换乘。

(13)罗山路站

线路出御桥路站东行至罗山路立交东侧绿化带,继续南行,在外环路以北设11号线北段工程终点站罗山路站。本站为地下一层岛式车站,与11号线南段工程在此形成换乘车站。北段工程的出入场线由本站引出至川杨河停车场。站址现状为罗山路东侧绿化带,浦东新区规划结合本站设置地面交通枢纽,以发挥轨道交通的综合效益。本站为11号线北段工程的终点。

五、车站配线

车站配线是为保证正常运营,合理调度列车而设置的线路。车站配线主要作用为列车运行服务,提高列车调度的机动性,灵活解决实际运行中的多种状态和不同功能需求。车站配线按功能不同可分为折返线、停车线、渡线、联络线、车辆出入段线、安全线、越行线等。对于车站配线的设置,《地铁设计规范》第3.4.2条规定:"当两个具备临时停车条件的车站相距过远时,根据运营需要,宜在沿线每隔3~5个车站加设停车线或渡线"。

(一)车站配线功能及分类

1.折返线

折返线是供列车折返用的配线。在线路的起点和终点设置折返线,一般一条线路的客流断面是两端小,中间大,而且不同时段,不同路段总是不均匀的;当列车全程运行时,必然反映出列车满载率的不均匀性和不经济性。为此需要设置中间折返站,组织长短交路运行,即组织部分列车在某区段按短交路折返运行,在交路折返站需设折返线。另外,根据突发性大型客流点的疏散要求,选择组织临时交路的折返点。按折返方式又可分为站前折返、站后折返、混合式折返和循环折返四种。

2. 停车线

停车线为供运营时段内故障列车暂时停留的配线,或为次日早发列车夜间停车的配线,或为具有突发客流的车站备用列车停放及兼作临时折返的配线。

在列车运行过程中不可避免地要发生故障,对故障列车救援时,原有列车运行间隔被打破,导致局部线路运行受阻,因此必须及时引导故障列车离开正线,进入停车线,保障正线其他列车正常运行,尽可能减少对运行的干扰。

对于停车线的设置,《地铁设计规范》第3.4.2条规定:"当两个具备临时停车条件的车站相距过远时,根据运营需要,宜在沿线每隔3~5个车站加设停车线或渡线"。

上海市《城市轨道交通设计规范》(DGJ 08-109—2004)第7.2.6条规定:"沿线每隔2~5个车站应在站内设停车线或站端加设渡线。"

3. 渡线

渡线是为方便列车变更进路和调车作业,而在正线与正线之间及正线与其他配线之间设置的配线。其作用是帮助调度人员在非常情况下(如故障列车待避)进行各项运行调整以及小交路列车折返作业,应根据车站站间距的具体长短相应设置不等条数的渡线。渡线的形式主要有普通渡线、缩短渡线和交叉渡线等。

4. 联络线

联络线是连接2条非共线运营的轨道交通的辅助线路,其主要功能是发挥轨道交通网络的作用,使各轨道交通线路之间建立一定的联系,保证运营列车顺畅运转。轨道交通联络线具有以下功能:车辆跨线运营、调转运营车辆、运营车辆送修、向新建线运送物料、线路之间车辆救援、地铁专用设备的共享等。

5. 车辆出入段线

车辆段(场)出入线为车辆进入正线与车辆段(场)之间联系而设置的配线。

对于车辆出入段线的设置,《地铁设计规范》作了如下规定:

(1)第3.4.3条规定:"车辆段出入线应连通上下行正线。当出入线与正线发生交叉时,宜采用立体交叉方式。"

(2)第3.4.4条规定:"车辆段和停车场设置双线或单线出入线,应根据远期线路的通过能力和运营要求计算确定。尽端式车辆段出入线宜采用双线,贯通式车辆段可在车辆段两端各设一条单线。停车场规模较小时,出入线可采用单线。"

6. 安全线

安全线是列车运行进路的隔开设备,防止列车未经允许进入另一列车已占用的进路(线路),发生冲突,从而保证列车安全运行。

对于安全线的设置,《地铁设计规范》第5.4.1条规定:在车辆段出入线、折返线、停车线和岔线(支线)上,当遇到下列情况时,宜设置安全线或其他隔开设备:

(1)当出入线上的列车在进入正线前需要一度停车,且停车信号机至警冲标之间小于列车制动距离时;

(2)折返线末端与正线接通时;

(3)当岔线(支线)与正线接轨时。

(二)车站配线设计

根据全线运营的需要、停车场的位置、线路条件并结合周边限制条件,11号线北段工程设置的配线如图2-4所示。

1. 11号线北段一期工程配线设计

嘉定北站为起点站,远期只需要满足12对列车的折返能力,在站前设置单渡线,站后设置交叉渡线,并设置接入城北路辅助停车场的出入场线路,满足折返及车辆进出停车场的需要。

嘉定新城站是支线接入主线的车站,根据《地铁设计规范》要求,在"出岔站汇入方向的线路应设平行进路",在该站设置了一岛一侧式具有平行进路的配线。

根据《地铁设计规范》对设置停车线的要求,马陆站需要设置停车线,由于马陆站为路中高架车站,道路红线较窄,为减小车站规模,停车线设置在下行线出站端,并设单渡线,供上下行故障列车停车使用。

南翔站为本线小交路折返站,为满足远期32对列车的折返能力,在上下行线之间设置一条折返线,并设置4条单渡线连接上下行线,车站为一岛一侧式。

祁连山路站为满足《地铁设计规范》规定的"宜在沿线每隔3~5个车站加设停车线或渡线"的要求,设置单渡线。

真如站为满足《地铁设计规范》规定的"宜在沿线每隔3~5个车站加设停车线或渡线"的要求,在上下行线之间设置停车线,并设置4条单渡线连接上下行线,车站为一岛一侧式,满足故障停车的要求。

江苏路站为北段一期的终点站,一期建成后即建二期,建成时间相隔两年,为临时终点折返站,同时该处高楼林立,地下管线复杂,施工难度大,设置其他类型的折返线会使车站规模增大,不具备施工条件,因此设置单渡线作为临时终点的折返线。

上海赛车场站为接入赛车场车辆段的车站,设置站前站后交叉渡线,满足列车出入赛车场车辆段使用。

昌吉东路站距离上海赛车场站只有一个区间,但两站之间距离较长,约7.3km,相当于城市中心轨道交通线路的3~5个区间,因此设置单渡线。

安亭站为支线终点站,远期只需要折返8对列车,因此设置站前交叉渡线。

2. 11号线北段二期工程配线设计

三林站为本线小交路折返站,为满足远期32对列车的折返能力,两正线之间设两根折返线,车站为双岛车站。

根据《地铁设计规范》对设置停车线的要求,云锦路站和浦三路站需要设置停车线,停车线均设于车站的两正线之间,方便上下行线故障停车需求。

御桥路站为满足《地铁设计规范》规定的"宜在沿线每隔3~5个车站加设停车线或渡线"的要求,设置单渡线。

罗山路站作为二期工程的终点站,有大交路折返要求,设置出入场线接川杨河停车场,并且需要预留东延伸的条件,因此罗山路站设置单岛四线车站,北端接正线和出入场线,南端设两根折返线。

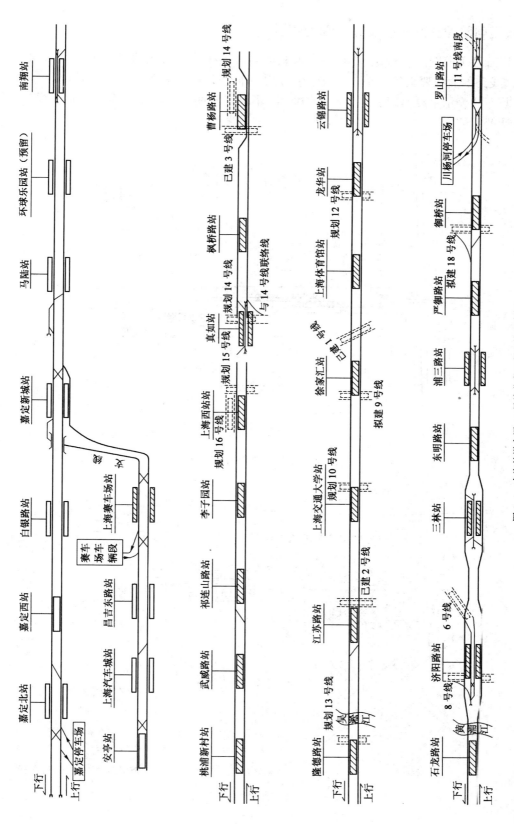

图 2-4 上海轨道交通 11 号线北段工程配线示意图

六、工可阶段线路平面及纵断面的表示

工可阶段平面图的表示比较简单,一般只需要表现线路上行线的里程桩号、车站的位置(里程)、线路的曲线要素等。图2-5~图2-7为工可阶段线路的平面设计图示例。

纵断面的表示主要体现线路上行线的坡度,不设置竖曲线。图2-8为工可阶段线路的纵断面设计图示例。

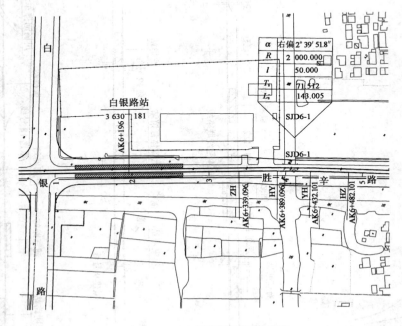

图2-5 工可阶段线路的平面设计图

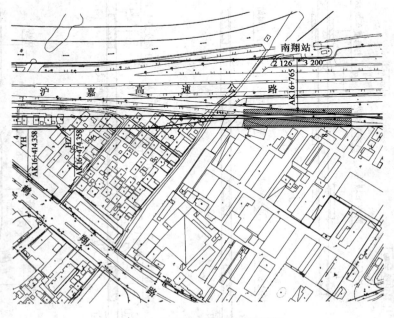

图2-6 工可阶段线路的平面设计图

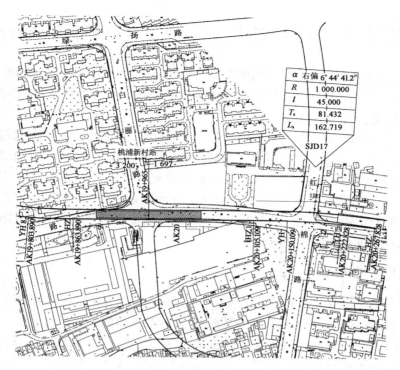

图 2-7 工可阶段线路的平面设计图

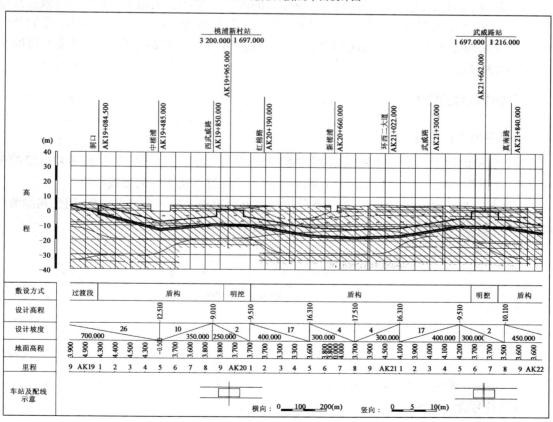

图 2-8 工可阶段线路的纵断面设计图

第三节 初步设计阶段线路设计案例分析

在工可阶段,主要解决的内容包括主要设计原则和技术标准、城市现状与规划、线路走向及方案比选、敷设方式比选、车站分布方案、线路平纵断面设计、辅助线及其他线路设计和有待进一步解决的问题。

到了初步设计阶段,根据可行性研究报告及审批意见,需要更加深入地对线路方案进行细化,完成工程的基本情况及对前阶段审查意见的执行情况,对线路的主要技术标准进行更深入的研究,进行线路平纵断面的优化设计(包括正线及辅助线)、车站优化设计、附属工程的设计,考虑路线与周边环境及外部的关系、目前存在的问题及下阶段需注意的问题。

下面以上海城市轨道交通 7 号线北延伸段从地下线转至高架线的一段线路为例,对初步设计阶段线路设计进行介绍和分析。

一、案例基本情况

上海轨道交通 7 号线北延伸段设计起点为宝山区锦秋路北侧新开河西侧的 7 号线祁华路站北端,终点为宝山区罗店新镇的北欧新镇西侧、月罗公路南侧的美兰湖站。

此案例为 7 号线北延伸段中从地下区间转至高架的一段区间设计。起点是潘广路站(地下站),终点为罗南新村站(高架站),线路走向参见图 2-9。地下段线间距大于 9.2m 的区段采用盾构法施工,地下段线间距小于 9.2m 的区段采用明挖法施工,轨道面距地面高度大于 2.5m 的区段为现浇高架区段。上行线采用了 3 个曲线,为了尽快缩小明挖段的线间距,下行线采用了 4 个曲线。纵断面总体采用节能坡的形式,从高架段转入到地下段时采用 28‰的大坡度。

二、线路平面设计

(一)平面线路定位

在有比例的地形图上,仔细研究路线主要控制点间的地形、地质情况,根据最初拟定的车站位置,选择符合城市规划、与周围建筑物间矛盾小的能够连接车站的导线线位。

根据起点坐标,用已知的起点到交点的距离及方位角求出第一个交点坐标,用已知的两点距离及第二个直线方位角求出第二个交点坐标,这样类推,逐个求出交点坐标。

两线相交点坐标计算公式如下:

$$X_c = X_a + \frac{(X_a - X_b)\tan\alpha_b - (X_a - X_b)}{\tan\alpha_a - \tan\alpha_b} \tag{2-1}$$

$$Y_c = Y_a + (X_c - X_a)\tan\alpha_a \tag{2-2}$$

或

$$Y_c = Y_b + (X_c - X_b)\tan\alpha_b \tag{2-3}$$

式中:α_a、α_b——分别为直线 AC、CB 的方位;

其他符号含义如图 2-10 所示。

计算精度:坐标值精确到 0.001m。

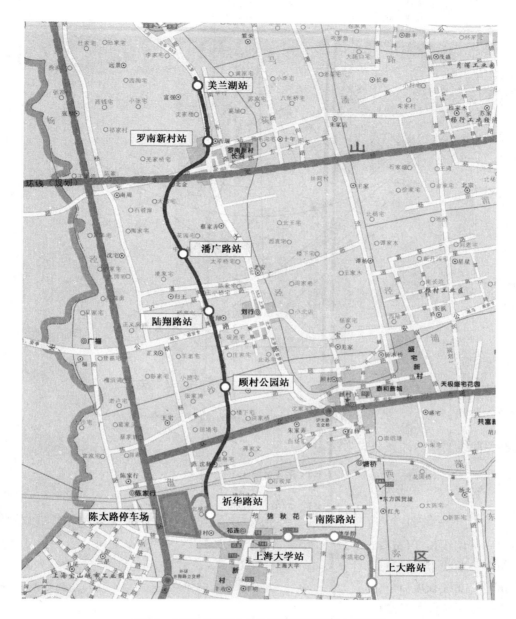

图 2-9 上海轨道交通 7 号线北延伸段线路走向示意图

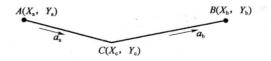

图 2-10 两线相交点坐标计算示意图

(二)平面设计的技术要点

城市轨道交通的线路平面是由直线、圆曲线和缓和曲线组成的。三者的相互位置如图 2-11 所示。

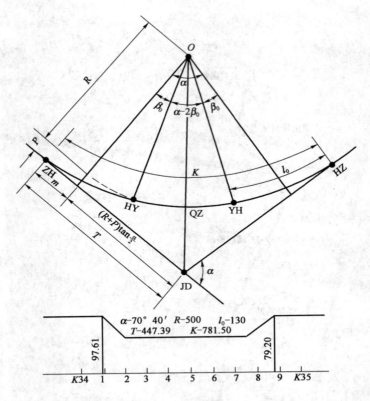

图 2-11 城市轨道交通线路的曲线要素示意图

有关曲线要素的计算公式为:

$$T = (R + p) \cdot \tan\frac{\alpha}{2} + m \tag{2-4}$$

$$K = R\frac{\pi(\alpha - 2\beta_0)}{180} + 2l_0 = R\frac{\pi \cdot \alpha}{180} + l_0 \tag{2-5}$$

式中：T——切线长度(m)；

R——曲线半径(m)；

K——曲线长度(m)；

l_0——缓和曲线长度(m)；

α——曲线偏角(°)；

β_0——缓和曲线角度(°)，$\beta_0 = \dfrac{90l_0}{\pi R}$；

m——切垂距(m)，$m = \dfrac{l_0}{2} - \dfrac{l_0^3}{240R^2}$；

p——圆曲线内移距离(m)，$p = \dfrac{l_0^2}{24R} - \dfrac{l_0^4}{2688R^3}$。

另外，曲线起讫点里程，可按下列方法推求：

ZH 里程，在平面上量得；

HZ 里程 = ZH 里程 + K；

HY 里程 = ZH 里程 + l_0；

YH 里程 = HZ 里程 − l_0。

线路平面设计的主要技术要素包括：最小曲线半径、夹直线最小长度、最小圆曲线长度、缓和曲线的线形及长度等。

1. 最小曲线半径

圆曲线半径应根据车辆类型、行车速度结合沿线地形、地物条件，因地制宜的选择合理半径。并且半径宜选择 10m 整数倍的数值。如此段区间下行线半径选择：500m、1 200m、1 500m、400m。

随着大城市向高密度方向发展，城市轨道交通的最小曲线半径标准将会对工程、运营、换乘设计方案等方面产生越来越大的影响。400m 以下的小半径曲线具有限制列车速度、养护比较困难、钢轨侧面磨耗严重及噪声大等缺点，特别是在轨道交通运量大、密度高的情况下，上述缺点更加突出。因此，曲线半径宜按标准半径系列从大到小合理选用。同时，从运营角度出发，最小曲线半径应尽量少用，并应有一定限制。《地铁设计规范》针对不同的车型、不同的速度以及不同的线路性质对最小曲线半径都作了相应的规定。见表 2-1。

最小曲线半径标准 表 2-1

线 路		一 般 情 况		困 难 情 况	
		A 型车	B 型车	A 型车	B 型车
正线	$v \leqslant 80$km/h	350	300	300	250
	80km/h $\leqslant v \leqslant$ 100km/h	550	500	450	400
联络线、出入线		250	200	150	
车场线		150	110	110	

注：除同心圆曲线外，曲线半径应以 10 的倍数取值。

车站站台段线路应尽量设在直线上。因为站台上有大量旅客活动，直线站台通视条件好，有利于行车安全；而且城市轨道交通多为高站台，曲线站台与车辆间的踏步距离不均匀，不利于旅客上下车和乘车安全。根据《地铁设计规范》5.2.7 条规定，在困难地段，站台段线路也可设在曲线上，为了保证行车安全和合理的踏步距离，其半径不应小于 800m。在罗南新村站，为了减小高架车站规模，在车站两端进行收口，采用了 1 000m 半径的内收曲线。

辅助线因为行车速度小于正线，因此最小曲线半径可以适当降低。

根据《地铁设计规范》规定，城市轨道交通线路最小曲线半径的理论计算公如下：

$$R_{\min} = \frac{11.8v^2}{h_{\max} + h_{qy}} \quad (2\text{-}6)$$

式中：$R_{\min}$——满足欠超高要求的最小曲线半径(m)；

v——设计速度(km/h)；

$h_{\max}$——最大超高(mm)；曲线地段轨道超高是指为了平衡曲线上运行列车所受离心力而设置的内、外轨面的高度差，$h = 11.8v^2/R$；根据《地铁设计规范》规定 $h_{\max}$ 取 120mm；

h_{qy}——允许欠超高(mm)，根据《地铁设计规范》可取 60mm。

7 号线北延伸段的设计车速为 80km/h，按最小曲线半径的理论计算公式，$R_{\min}$ =

$\frac{11.8\times80\times80}{h_{\max}+h_{qy}}$ =420m,在此基础上,对 7 号线北延伸段最小曲线半径选择如表 2-2 所示。

线路最小曲线半径　　　　　　　　　　表 2-2

线　路	一般情况(m)	困难情况(m)
正线	400	350
辅助线	200	150
车站段线路	(直线)	800

在实际曲线设计中,从上海市公路外环(A30)沪太公路收费站西侧上行进入沪太路西侧绿化带,采用了最小曲线半径 $R=400\mathrm{m}$。

2. 最小圆曲线长度

城市轨道交通圆曲线长度短,对改善条件、减少行车阻力和养护维修有利。但当圆曲线长度小于车辆的全轴距时,车辆将同时跨越在三种不同的线形上,会危及行车安全、降低列车的稳定性和乘客的舒适度。因此,《地铁设计规范》规定,正线及辅助线的圆曲线最小长度,A 型车不宜小于 25m,B 型车不宜小于 20m,在困难情况下不得小于车辆的全轴距。

7 号线北延伸段根据本条线的情况结合地铁规范,标准采用正线上不宜小于 25m,困难情况下不得小于一个车辆的全轴距,按 18.2m 计;辅助线最小长度与正线相同,但不通行载客列车的缩短渡线的夹直线最小长度可为 10m。

3. 缓和曲线的长度

由于直线与圆曲线间存在曲率半径的突变,圆曲线半径越大,突变程度就越小。当圆曲线半径超过 3 000m 时,这种突变对城市轨道交通行车影响很小。而当正线上曲线半径等于或小于 3 000m 时,则要在圆曲线与直线间加设缓和曲线,实现曲率半径、轨距加宽和外轨超高的逐渐过渡,减少列车在突变点处的轮轨冲击。因此,《地铁设计规范》规定:在正线上,当曲线半径等于或小于 3 000m 时,圆曲线与直线间应根据曲线半径及行车速度设置缓和曲线。7 号线北延伸段根据本条线的情况结合地铁规范,对缓和曲线采用如表 2-3 所示的标准。

缓和曲线长度 l(单位:m)　　　　　　　　　　表 2-3

R \ v	100	95	90	82	80	75	70	65	60	55	50	45	40	35	30
3 000	30	25	20	—	—	—	—	—	—	—	—	—	—	—	—
2 500	35	30	25	20	20	—	—	—	—	—	—	—	—	—	—
2 000	40	35	30	25	20	20	—	—	—	—	—	—	—	—	—
1 500	55	50	45	35	30	20	20	—	—	—	—	—	—	—	—
1 200	70	60	50	40	35	30	25	20	20	—	—	—	—	—	—
1 000	85	70	60	50	45	35	30	25	25	20	—	—	—	—	—
800	85	80	75	65	55	45	40	35	30	25	20	—	—	—	—
700	85	80	75	70	60	45	45	35	30	25	20	—	—	—	—
650	85	80	75	70	60	55	45	40	35	30	20	20	—	—	—
600	—	80	75	70	70	60	50	45	35	30	20	20	20	—	—
550	—	—	75	70	70	65	55	45	40	35	20	20	20	—	—

续上表

l / R \ v	100	95	90	82	80	75	70	65	60	55	50	45	40	35	30
500	—	—	—	70	70	65	60	50	45	35	20	20	20	20	—
450	—	—	—	70	65	60	55	50	40	25	20	20	20	20	—
400	—	—	—	—	65	60	60	55	45	25	20	20	20	20	—
350	—	—	—	—	—	60	60	60	50	30	25	20	20	20	20
300	—	—	—	—	—	—	60	60	60	35	30	25	20	20	20
250	—	—	—	—	—	—	—	60	60	40	35	30	20	20	20
200	—	—	—	—	—	—	—	—	60	40	40	35	25	20	20
150	—	—	—	—	—	—	—	—	—	—	40	40	35	25	20

注：表中 R-曲线半径(m)；v-设计速度(km/h)。

4. 夹直线最小长度

当相邻曲线距离较近时，可能会出现两曲线（有缓和曲线时，指缓和曲线；无缓和曲线时，指圆曲线）相邻两端点间的夹直线过短的情况。夹直线短于车辆的全轴距时，会出现一辆车同时跨越两条曲线的情况，引起车辆上下行摇摆，影响行车平稳性；夹直线太短，也不易保持夹直线的方向，增加养护难度。因此，《地铁设计规范》规定：正线及辅助线上相邻曲线间的夹直线长度（不含超高顺坡及轨距递减段的长度），A 型车不宜小于 25m，B 型车不宜小于 20m，在困难情况下不得小于一个车辆的全轴距；车场线上的夹直线长度不得小于 3m。

此段区间设计标准正线上不宜小于 25m，困难情况下不得小于一个车辆的全轴距，按 18.2m 计；辅助线最小长度与正线相同，但不通行载客列车的缩短渡线的夹直线最小长度可为 10m；在不设缓和曲线地段，夹直线最小长度不包括直线上的超高顺坡长度。

5. 线间距

轨道交通线路上下行线之间的线间距，根据不同的敷设方式，也不一样。此段区间从潘广路站以单圆盾构前行，下穿富锦路后转为高架。本段区间从单圆盾构到矩形隧道最后是高架区间（图 2-12）。

该段线路根据不同的施工方式及敷设方式选择了不同的线间距。

（1）单圆盾构

单圆盾构上下行线分开，线间距应大于 $2D$（D 为盾构直径），在困难情况下，采用特殊措施，可以将上下行线线间距降至 $1.4D$。

7 号线北延伸段采用 D 为 6.2m 的盾构，因此在一般情况下，线间距采用 12.4m，只有在盾构井位置（困难情况下）采用 9.2m。

（2）浅埋（明挖区间）

浅埋明挖区间，为了减小开挖面积，轨道交通的上下行线一般设置在同一个隧道中，因此线间距较小，一般采用 3.6～5.0m，具体可以按实际情况考虑。

7 号线北延伸段区间由盾构区间转到敞开段采用了矩形隧道，因此线间距从敞开段终点线间距过渡到盾构区间起点线间距，即从 5.3m（洞口）过渡到 9.2m（盾构井）。

（3）敞开段

敞开段采用明挖施工，同矩形隧道，线间距一般采用 3.6～5.0m。

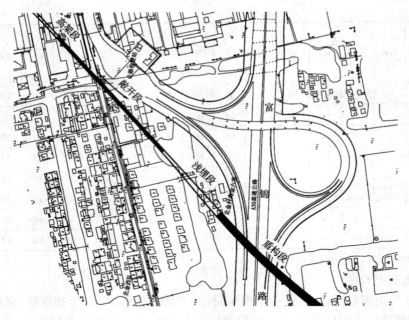

图 2-12　盾构转至高架示意图

7 号线北延伸段区间敞开段从 3.8~5.3m。

（4）高架区间（包括地面段）

高架区间的上下行线通常采用同一个桥墩，由于桥墩设置的影响，全高架段上下行线的线间距基本一致。

根据 7 号线北延伸段设计要求，在上下行线之间加设 1 000mm 的应急平台，因此高架段区间的线间距采用 4.6m。

以上线间距均指直线段线间距，曲线地段根据曲线半径和超高在直线地段基础上加宽。

6. 曲线地段线间距加宽

列车在曲线上行驶时，由于车体是刚性体，不能随线路的曲度而弯曲，车体中心线与线路中心线不吻合，使车体两端均发生偏离；同时由于曲线超高的设置使车体倾斜也产生向曲线内侧偏移。为满足车辆、设备、建筑限界需要，并保障列车行车安全要求，双线并行区间曲线地段最小线间距在直线地段最小线间距的基础上予以加宽。

《地铁设计规范》按平面曲线不同半径、过超高或欠超高引起的横向及竖向偏移量，以及车辆、轨道参数等因素计算确定曲线内、外侧加宽值。

（1）曲线地段内侧加宽公式如下：

$$E_{内} = \frac{L_1^2 + a^2}{8R} + X''_{ki}\cos\alpha + Y''_{ki}\sin\alpha - X''_{ki} + c \tag{2-7}$$

式中：　　$E_{内}$——曲线地段内侧加宽值（mm）；

L_1——车辆定距（mm），B 型车取 12 600、A 型车取 15 700；

a——车辆固定轴距（mm），B 型车取 2 300、A 型车取 2 500；

R——圆曲线半径（mm）；

c——设备安装误差和安全间隙（mm）；

α——车体竖向倾角（°），$\alpha = \arcsin\dfrac{h}{s}$；

h——外轨超高(mm);

s——内外轨头中心距离(mm),取 1 500;

(X''_{ki}, Y''_{ki})、(X''_{ko}, Y''_{ko})——直线地段设备限界控制点(mm)。

(2)曲线地段外侧加宽公式如下:

$$E_{外} = \frac{L_0^2 - (L_1^2 + a^2)}{8R} + X''_{ko}\cos\alpha - Y''_{ko}\sin\alpha - X''_{ko} + c \qquad (2-8)$$

式中:$E_{外}$——曲线地段外侧加宽值(mm);

L_0——车体长度(mm),B 型车取 19 000、A 型车取 22 000;

其他符号的含义同上。

7 号线北延伸段采用大车,经过简化计算,加宽采用如下计算。

柱、屏蔽门、触网立柱加宽采用:

$$d_n = 31\,590/R + 2.9h + 10$$
$$d_w = 29\,460/R - 0.29h + 20$$

站台板、应急平台加宽采用:

$$d_n = 31\,590/R + 0.75h + 20$$
$$d_w = 29\,460/R - 0.71h + 20$$

安全门、高架栏杆加宽采用:

$$d_n = 31\,590/R + 2.1h + 10$$
$$d_w = 29\,460/R - 0.71h + 20$$

7. 其他

其他线路技术要素的标准均根据地铁规范,结合 7 号线北延伸段的实际情况制定:

(1)道岔应设在直线上。道岔端部至曲线端部的距离不宜小于 5m,车场线可减小到 3m。道岔宜靠近车站位置,但道岔基本轨端部至车站站台端部的距离不小于 5m。7 号线北延伸段在潘广路站停车线设置了道岔,道岔基本轨端部至车站站台端部的距离均大于 5m。

(2)不同号数道岔的导曲线半径和长度也不同,会影响线路线间距和线路长度。正线和辅助线上为保证必要的侧向过岔速度,宜采用 9 号道岔;车场线因过岔速度要求低,可采用不大于 7 号的道岔,以缩短线路长度,节省造价。此段区间只采用 9 号道岔。

(3)城市轨道交通线路不宜采用复曲线。在困难地段,有充分技术依据时可采用复曲线。当两圆曲线的曲率差大于 1/2 500 时,应设置中间缓和曲线,其长度根据计算确定,在困难情况下不得小于 20m。

(4)折返线的有效长度,宜为远期列车长度加 40m(不含车挡长度)。

(三)线路平面设计的过程

线路平面设计首先根据沿线现状及规划发展概况,提出可能的线路平面方案,针对各方案的控制因素(包括现状及规划道路、铁路、高层建筑、历史保护建筑、对环保要求高的建筑、重要的河道等),逐个进行技术经济比选,选择合理可行的线路平面方案;同时,在设计过程中,需要考虑是否超出平面标准,保证在满足规范的情况下进行设计。

7 号线北延伸段在陆翔路潘广路口设地下站潘广路站,出站继续沿陆翔路路中向北地下线走行至富锦路(A30)。直线段线间距基本采用 13.2m。其中,潘广路站北端岔线受车站及道岔的限制,上行线偏出道路红线 1.8m。

线路下穿郊区环线 A30 后,从 A30 沪太公路收费站西侧经过,然后以 $R=400m$ 的曲线上行转进入沪太路西侧绿化带,在沪太路西侧绿化带设高架站罗南新村站。线路下穿 A30 后,逐渐由地下线过渡为高架线。高架区间直线段线间距采用 4.6m。为使高架站两侧线路出站后线间距尽快收拢至与区间相同,两车站两端设曲线。

罗南电信局微波发射塔,位于沪太路西侧,线路里程为右 K8+100,线路从其东侧避让。

根据曲线周围环境、行车速度及其在区间中的位置选用合适的曲线半径及相应的缓和曲线长度,并经距离-速度曲线检查,在尽量避免曲线限速的同时不增大工程量。实际设计中,从 A30 沪太公路收费站西侧上行转进入沪太路西侧绿化带,采用了最小曲线半径 $R=400m$。高架线路采用同心圆设计。

具体设计情况见图 2-13~图 2-15。

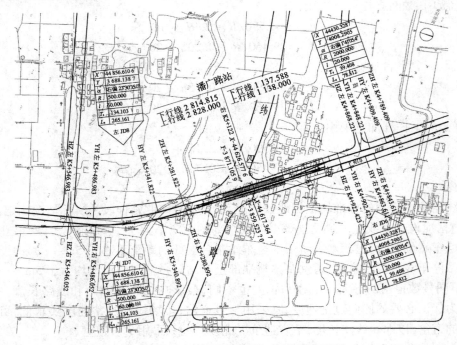

图 2-13 潘广路站—罗南新村站区间线路平面图一

(四)线路平面设计的表示

在工可阶段,线路平面图一般只表现线路上行线的里程桩号、车站的里程、曲线的偏角及切线长(未配缓和曲线之前的曲线)。而在初步设计阶段,平面设计则需要表示交点及曲线要素、方位角、里程桩号、特征点表示、断链标注、标注线间距、车站位置及名称、车站中心里程、站间距、辅助配线的道岔岔心标注以及重要障碍物等。图 2-16~图 2-18 为初步设计阶段线路平面表述图。

三、线路纵断面设计

(一)收集基础资料

首先收集与轨道交通线路相关的基础资料,包括:
(1)轨道交通需要跨越的道路和立交桥高程、铁路高程等资料。

图 2-14 潘广路站—罗南新村站区间线路平面图二

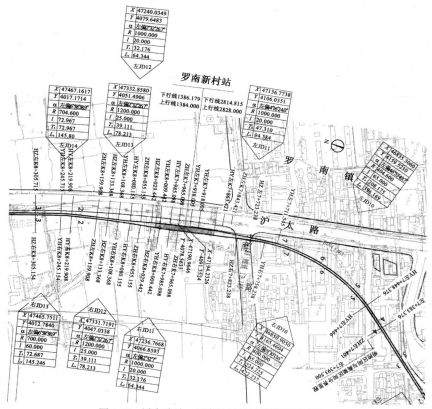

图 2-15 潘广路站—罗南新村站区间线路平面图三

（2）轨道交通需要穿越的河底高程、航行水位及洪水位等资料。
（3）轨道交通需要穿越的周边建筑物桩基、管线等资料。

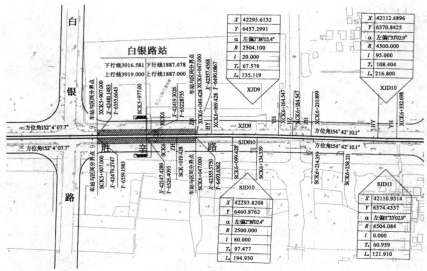

图 2-16 初步设计阶段线路平面表述图

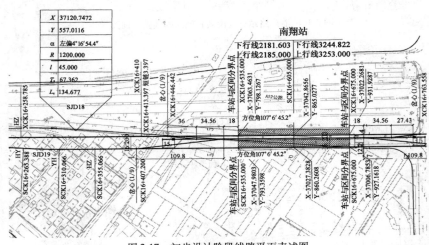

图 2-17 初步设计阶段线路平面表述图

(4) 轨道交通需要穿越的主要房屋及建筑等资料。

(5) 地质剖面等资料。

(二) 确定控制高程

为了便于施工以及与城市相关工程的配合，轨道交通高程控制系统宜与城市高程控制系统一致。7 号线北延伸段采用上海通用的吴淞高程系。

(三) 纵断面设计要素

在纵断面设计中，若各坡段直接相连则形成一条折线。列车运行至坡度代数差较大的变坡点处，容易造成车轮脱轨、车钩脱钩等问题。为避免出现这类情况，当坡度代数差等于或大于 2‰时，应在变坡点处设置竖曲线，把折线断面平顺地连接起来，以保证行车的安全和平稳。竖曲线有抛物线形和圆曲线形两种。抛物线形曲率是渐变的，更适宜列车运行，但由于铺设和养护工作较复杂，因城市轨道交通的最高运行速度并不高，故基本上不采用。另

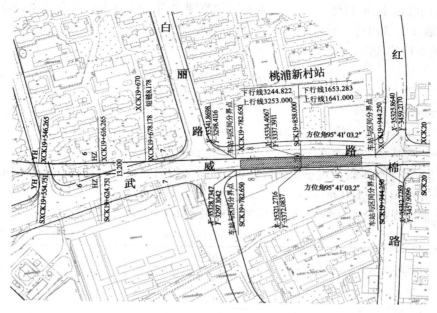

图 2-18 初步设计阶段线路平面表述图

一方面,圆曲线形竖曲线具有便于铺设和养护的优点,且当竖曲线半径较大时,近似于抛物线形。因此,我国城市轨道交通线路采用圆曲线形竖曲线。圆曲线形竖曲线示意图如图 2-19 所示。

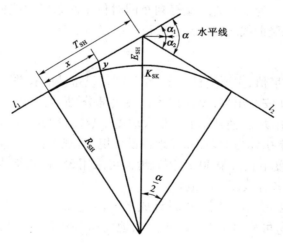

图 2-19 圆曲线形竖曲线示意图

纵断面的设计要素主要有竖曲线半径、竖曲线夹直线长度、坡长、坡度大小等。

(四)竖曲线半径

《地铁设计规范》和《城市快速轨道交通工程项目建设标准(试行本)》规定:对正线的区间线路,竖曲线半径一般取 5 000m,困难情况下取 2 500~3 000m;车站两端因行车速度较低,其线路的竖曲线半径可取 3 000m,困难情况下可取 2 000m。对辅助线和车场线,竖曲线半径可取 2 000m。

车站站台和道岔范围不得设竖曲线,竖曲线离开道岔端部的距离不应小于 5m。渡线应设在5‰以内的坡度上,而且竖曲线不应伸入道岔范围之内。竖曲线起点至道岔基本轨起点的距离,或距辙叉跟端以外短轨端点的距离,均不应小于5m。

竖曲线半径的理论计算公式为：

$$R_{SH} = \frac{v_{max}^2}{3.6 \cdot \alpha_{SH}} \tag{2-9}$$

式中：R_{SH}——竖曲线半径(m)；

v_{max}——最高行车速度(km/h)；

α_{SH}——竖向离心加速度(m/s²)。

竖向离心加速度不得超过一定的允许值,否则会影响旅客的舒适度。竖向离心加速度的取值范围一般在0.3~1.0 m/s²。

7号线根据规范及实际情况,竖曲线半径采用表2-4所示的值。

竖曲线半径表(单位:m)　　　　　　　　　　　　　　表2-4

区间	一般	5 000
	困难	3 000
车站端部	一般	3 000
	困难	2 000

(五)竖曲线夹直线长度

由于允许的坡段长度较短,而允许的坡度值又较大,因而实际设计时常会出现两条竖曲线重叠或相距很近的情形。为了避免或减轻列车同时位于两条竖曲线而产生的振动叠加,《地铁设计规范》规定,两条竖曲线之间的夹直线长度不宜小于50m。7号线北延伸段按此规定。

(六)坡度大小

正线允许的最大坡度值,主要受行车安全(与制动设备性能有关)、旅客舒适度、运营速度三方面影响,从保证行车安全出发,要求列车在失去部分(最大可达到一半)牵引动力的条件下,仍能用另一部分牵引动力,使列车能从最大坡度上启动,因此最大坡度阻力及各种附加阻力之和,不宜大于列车牵引动力的一半。《地铁设计规范》规定：

(1)正线的最大坡度不宜大于30‰,困难地段可采用35‰,联络线、出入线的最大坡度不宜大于40‰(均不考虑各种坡度折减值)。

(2)为便于排水,地下线路区间不能设计成平坡,而应设计成不小于3‰的坡度。困难地段在确保排水的条件下,可采用小于3‰的坡度;地面和高架桥上正线最小坡度在采取了排水措施后不受影响。

(3)地下车站站台计算长度范围内的线路坡度宜采用2‰,在困难条件,可设在不大于3‰的坡道上。

(4)在地下线路的存车线和车辆折返用的尽端线上,应设2‰的纵向坡度,且是由车站向车挡为上坡。道岔宜设在不大于5‰的坡道上,在困难地段可设在不大于10‰的坡道上。

(5)地面和高架桥上的车站站台计算长度范围内线路宜设在平坡道上,在困难地段可设在不大于3‰的坡道上。车场线宜设在平坡道上,条件困难时,库外线可设在不大于1.5‰的坡道上。

（6）车站站台计算长度范围内线路应设在一个坡道上，有条件时宜布置在纵断面的凸形地段上，并设置合理的进、出站坡度。

（7）折返线和停车线应布置在面向车挡或区间的下坡道上，隧道内的坡度宜为2‰，地面和高架桥上的折返线、停车线，其坡度不宜大于1.5‰。

本条线坡度设计参照规范进行设计。最大坡度是28‰，位于潘广路站至罗南新村站区间，为减小敞开段的长度，线路从地下段过渡至高架段时，采用了大坡度；最小坡度为2‰，用在车站范围，区间最小坡度是4‰。

（七）坡长

两个坡段的连接点，即坡度变化点，称为变坡点。一个坡段两端变坡点之间的水平距离称为坡段长度。如果坡段长度小于列车长度，那么列车就会同时跨越2个或2个以上的变坡点，各个变坡点所产生的附加应力和局部加速度会因叠加而加剧，影响列车的平稳运行和旅客的舒适。因此，线路坡段长度不宜小于远期列车计算长度。

北延伸段采用6辆编组A型车，因此设计时采用正线线路纵向坡段长度不得小于远期列车长度140m。

（八）其他因素

地下隧道车站的纵断面设计，除了满足相应的坡度、坡段长度、坡段连接要求外，还要综合考虑隧道类型、拟采用的施工方法及运营特点等因素。

对于浅埋隧道，一般采用明挖法施工，宜接近地面，以减少土方工程量，简化施工条件。同时，又要考虑在隧道上面预留足够的空间来设置城市地下管道线，并有足够厚度的土壤层来隔热，使隧道内不受地面温度变化的影响。通常浅埋区间隧道衬砌顶部至地面距离不小于2m。由于车站本身要求的净空高度大于区间，因而浅埋车站一般位于凹形纵断面的底部。这种纵断面形式是进站下坡、出站上坡，导致列车进站制动和出站加速都需要耗费更多的能量，不利于运营。

对于深埋隧道，通常位于比较稳定的地层内，其顶部以上的地层厚度要能够形成承载拱，为此应埋深一些。在保证车站净空要求的前提下，深埋隧道的车站应埋浅一些，尽量接近地面，因为这样设计的车站土建工程量较少，还可节省升降设备投资，乘客上下地面的时间也相应减少。在这种情况下，车站位于线路凸形纵断面顶部，两端采用大下坡，便于进站减速、出站加速的节能坡设计，节省运营成本。

（九）纵断面设计的过程

线路纵断面设计是在平面设计的基础上进行的，同时又可对平面设计进行检验和调整，首先需要根据地形、地质情况、工程量以及施工条件综合考虑，确定线路的敷设方式和过渡段的设置，分析各个控制点（包括地下管线及构筑物、地质条件、桥下净空、道路净空等），最后根据线路设计标准及有关规范进行纵断面的设计。

7号线线路纵断面设计除按国家和上海市轨道交通设计规范和本工程初步设计技术要求有关规定执行外，还根据线路所经过地区和施工方法，配线布置等具体情况作了如下考虑：盾构施工地段覆土一般不小于6m；当采用盾构法施工区间隧道时，地下车站尽量设在凸形纵断面上；区间隧道最低点位置结合区间废水泵站要求设置；线路下穿河道时，应按规划河底高程控制线路高程。

此次采用的最大坡度为28‰,相应坡长为830m,位于潘广路站至罗南新村站区间,线路从地下段过渡至高架段时,为减小敞开段的长度,采用了大坡度。线路最大埋深为18m,位于地下区间。

线路在右K7+440处跨越长浜河,长浜河要求梁底高程不低于5.0m,线路采用28‰的坡度,跨越长浜河处的轨面高程为7.61m,梁底高程为5.11m,满足要求。具体设计情况如图2-20所示。

(十)纵断面设计的表示

在工可阶段,线路纵断面图一般只表现线路上行线的平面里程所对应的高程、车站的位置、坡度及坡长等,而在初步设计阶段,纵断面设计需要表示车站名称、车站中心里程、站间距、坡度及坡长、平面曲线与车站示意图、与线路相交的建筑物及邻近的障碍物里程、断链里程及车站河道高程等资料。图2-21为初步设计阶段的线路纵断面图。

四、线路横断面设计

横断面设计必须要满足线路各个断面列车通过的限界要求。

城市轨道交通列车是沿固定轨道快速运动的物体,它需要在特定的空间中运行,根据各种参数和特性,经计算确定的空间尺寸称为**限界**。为保证安全,各种建(构)筑物和设备均不得侵入其中。

限界是确定行车轨道周围构筑物净空大小和管线及设备安装相互位置的依据,也是设计与施工必须共同遵守的技术规定。限界设计的任务是在满足城市轨道交通车辆安全运行的前提下,合理地选择桥、隧等结构的有效断面尺寸,以节省工程投资。

城市轨道交通的限界主要包括**车辆限界**、**设备限界**和**建筑限界**。它们是根据车辆外轮廓尺寸及技术参数、轨道特性、各种误差及变形,并考虑列车在运动中的状态等因素,经科学地分析计算确定的。其中:

车辆限界是根据车辆的轮廓尺寸和技术参数、并考虑其静态和动态情况下所能达到的横向和竖向偏移量,按可能产生的最不利情况进行组合计算确定的空间尺寸。

设备限界是在车辆限界基础上计入轨道出现最大允许误差时引起车辆的偏移和倾斜等附加偏移量,以及在设计、施工、运营中考虑难以预计的因素在内的安全预留量后确定的空间尺寸。它是一轮廓线,所有固定设备及土木工程(接触轨及站台边缘除外)的任何部分都不得侵入此轮廓线内。因此,对设备选型和安装都应分别考虑其制造和安装误差,才能满足设备限界的要求。曲线地段设备限界应在直线地段设备限界基础上,考虑平面曲线几何偏移量、过超高或欠超高引起的设备限界加宽和加高量、曲线轨道参数及车辆参数变化引起的设备限界加宽量计算确定。

建筑限界它是行车隧道和高架桥等结构物的最小横断面有效内轮廓线。在建筑限界以内、设备限界以外的空间,应能满足固定设备和管线安装的需要。在设计隧道及高架桥等结构物断面时,必须分别考虑其施工误差、测量误差、结构变形等因素,才能保证竣工后的隧道及高架桥等结构物的有效净空满足建筑限界的要求,以保证列车安全快速运行。

7号线北延伸段从地下盾构段转至高架段主要采用了三种限界,地下段单圆盾构限界、地下段双线矩形隧道限界和高架区间建筑限界。

1. 地下段单圆隧道建筑限界

根据本线使用的最高运行速度为80km/h的车辆及设备布置的要求,区间采用单圆盾构

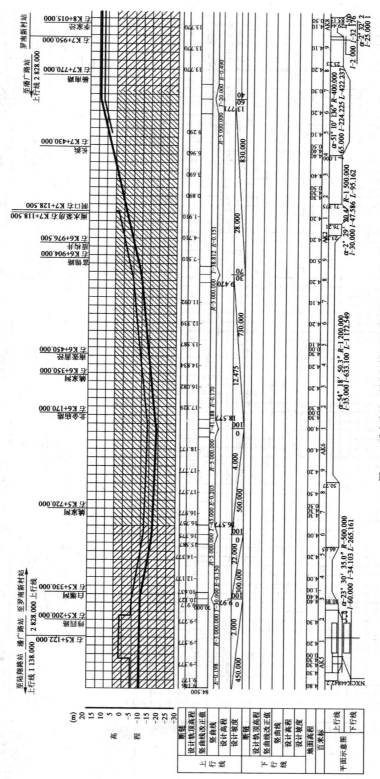

图2-20 潘广路站—罗南新村站区间线路纵断面示意图

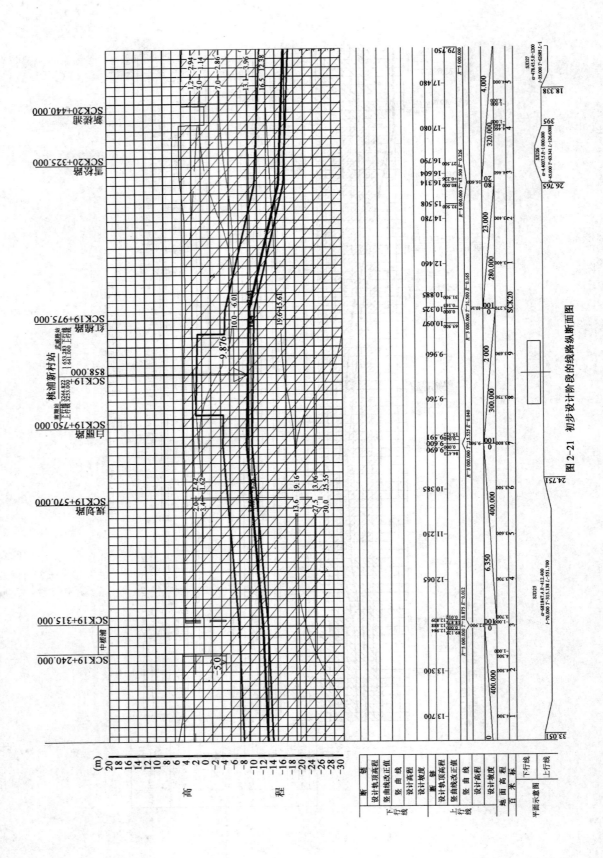

图 2-21 初步设计阶段的线路纵断面图

施工的单圆隧道的建筑限界为 $\phi 5\,200\,mm$。隧道内设置应急疏散平台,在车辆设备限界外布置摆放强电、弱电等电缆设施,见图 2-22。

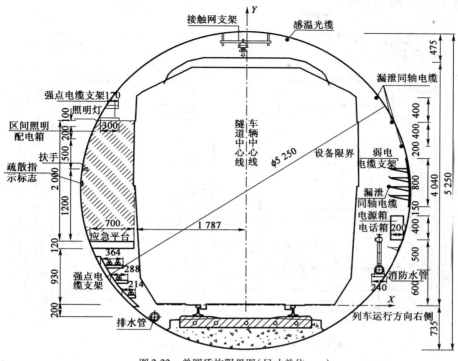

图 2-22　单圆盾构限界图(尺寸单位:mm)

2. 地下段明挖双线矩形隧道限界

在从地下段转至高架段的过程中,线间距不断地缩小,直至高架段的线间距,采用明挖的施工方式,该段的建筑限界如图 2-23,直线段双线矩形隧道两线间距为 $5\,300\,mm$,边墙内侧至线路中心线的建筑限界宽度为 $2\,200\,mm$,曲线段相应加宽。

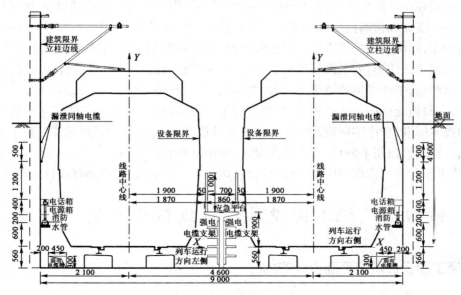

图 2-23　明挖区间建筑限界图(尺寸单位:mm)

3.高架区间建筑限界

直线段线间距 4 600mm,线间设间道声屏障;触网立柱设于高架两侧,桥梁腹板内侧至线路中心线距离 2 200mm,参见图 2-24。

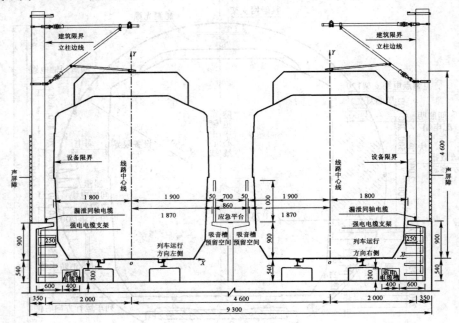

图 2-24　高架区间建筑限界图(尺寸单位:mm)

五、初步设计阶段平面设计与纵断面设计及横断面设计之间的关系

轨道交通是一条三维空间的实体,它的线路设计分为平面设计、纵断面设计和横断面设计,三者既相互配合,同时更要与地形、地物、环境、景观相协调。

一般我们在设计时先进行初步定线、平曲线的初拟等平面设计工作,但是在平面设计时也要综合考虑纵断面和横断面的具体要求。平面设计工作完成后,考虑沿线的纵断面控制因素,绘制纵断面图,以满足各控制因素。在纵断面设计中,如果靠调整纵坡无法满足设计要求时,则应考虑调整平面线形:若平面线形调整不大,可根据已有线路平面和横断面资料,对原线路平面进行微调;若平面线形调整很大,则需要重新进行线路平面的选线及设计工作。对于横断面的设计,在轨道交通的设计过程中,主要指的是限界的设计,它需要根据线路平面及纵断面所采用的技术标准,考虑实际设计中采用的技术参数,根据实际情况设计出满足整个项目要求的横断面。在进行线路平面设计、纵断面设计、横断面设计过程中,三者均不是一个独立的设计,都需要考虑其余两方面的限制条件,综合协调三者之间的关系,以满足设计的要求。

第四节　施工图设计阶段线路设计案例分析

一、施工图设计阶段平面设计的内容

施工图设计应根据已批准的初步设计进行编制,主要工作内容如下。

（一）上行线里程计算及断链设置

在施工图设计阶段，需要设置上行线的里程，上行线里程设置方法同下行线里程设置一致。同时为保证上行线里程在车站中心与下行线里程保持一致，还需要设置断链。

1. 上行线里程及断链计算

由于上行线和下行线存在着内外曲线的关系，上行线与下行线长度不等，但为了便于设计及施工，一般使车站中心的上下行线里程保持一致，这样就需要把上行线相对于下行线不等长的差值设置为上行线的断链，如果上行线长度为 $L_{上行}$，下行线长度为 $L_{下行}$，则上行线断链长度 $\Delta L = L_{上行} - L_{下行}$，当 ΔL 为正值时，为长链，当 ΔL 为负值时，为短链。

2. 断链设置位置

（1）为设计及施工方便，断链位置一般设置在靠近车站处的直线段上，同时避免断链位置设在车站坡度上。

（2）同一断链在平、纵面图上必须同时标示并核对一致。

（二）上行线交点坐标计算

上下行线平行地段，首先从下行线控制上，根据定线要求的线间距，计算上行线各直线边上任一点坐标，然后按下行线交点坐标计算方法，求出上行线路各交点坐标。上下行线非平行地段，根据上下行线平面相应的几何关系进行坐标计算。上行线单独绕行地段与下行线坐标计算方法相同。计算完成后，应自查上行、下行线平面相互关系与设计要求是否相符，线间距误差应在 0.5mm 以内。而在实际设计中，是采用带有坐标的电子地形系统，可通过捕捉交点位置而直接标示出上行线交点坐标。

（三）线路详细坐标计算

在施工图设计阶段，上下行线均需进行详细坐标计算，包括圆曲线头尾、缓和曲线头尾、曲线中点、道岔中心、车挡、车站端墙外缘等，线路上详细点的坐标计算，以就近的交点或站中心为原始坐标点，分段计算，坐标取整到毫米，允许计算误差为 1mm。而在实际设计中，是采用带有坐标的电子地形系统，可通过捕捉这些相应的点位后而直接标示坐标。

二、施工图设计阶段纵断面设计的内容

在初步设计阶段纵断面设计的基础上，施工图设计阶段线路纵断面设计的主要工作内容如下。

（一）上行线坡度设计

上行线与下行线并行于同一隧道内。无论隧道结构体是单孔（跨）还是多孔（跨），无论其位于车站还是区间，上行线坡度应与下行线一致，同一断面的上下行线高程应相等。曲线地段，上下行线（内外曲线）长度不同，对上行线坡度应作调整，使曲线范围内同一法线断面上的上下行线高程相同，允许高程差不大于 2cm。

上行线与下行线上下重叠于同一隧道内，是一种立体并行形式，这种形式的上行线坡度与下行线坡度应完全相同，高程相差一常数。

上行线与下行线并行的高架及地面线路，上行线纵断面与下行线相同，只有上行线曲线地段因长度不同需适当调整坡度，使曲线范围内同一法线断面上的两线等高。

上行线与下行线分设于单线隧道内。车站范围内的上行线坡度及高程宜与下行线一致（上下行线站台位于同一平面上）或高程相差一常数（上下行线站台不位于同一平面上）。这是考虑站台之间、站台与站厅之间都有通道相互联络，上下行线坡度及高程一致（或差一常数),有利于车站各部分的设计与施工。

区间地段上下行线分设于单线隧道内的上行线坡度,不要求与下行线相同,坡度设计较为灵活。但上下行线宜共用一个排水站,要求上行线最低点位置处于下行线最低点同一断面处,错动量不应大于20cm。最低点高程宜相等,可允许有适当的高差。

(二)上行线竖曲线设计

对于高架线、地面线并行的线路,上行线竖曲线设计一般需要和下行线的竖曲线对应,采用相同半径的竖曲线,保证桥梁面和路基面在同一高程上。对于采用单圆盾构施工的线路,由于两条线路处于相互独立的隧道,可根据实际情况采用和下行线不同的竖曲线半径,但一般情况下仍然采用和下行线相同的竖曲线半径,特别是在线路的最低点处,为保证泵站的设置合理性,上下行线采用相同的竖曲线半径,并要保证两线的最低点处的高程基本一致。

(三)上下行线轨顶高程计算

对于没有设置竖曲线的坡段,上下行线轨顶高程可以通过变坡点的高程、坡段的长度和坡度计算取得,对于设置竖曲线的坡段,上下行线轨顶高程还需要扣除竖曲线产生的矢高。

(四)纵断面坡度修改设计

由于地基地质条件变化或施工原因等造成建好的隧道结构不均匀下沉,又由于受隧道结构净空限制,致使轨道无法按原纵断面设计坡度及高程铺设,必须修改纵断面坡度及高程。

纵坡修改设计,变坡点位置可设在整数米的位置,坡度值可用非整数千分坡。允许地下线的最小坡度可用到2‰,但应注意保持排水沟不积水。

修改纵断面设计的关键工作是准确掌握已完工的隧道结构沉降、断面净空尺寸及其误差情况。深入现场实地检查后,提出横断面净空测量及加密底板面高程测量要求。一般对底板面高程,沿线路中心每隔5~20m距离测量一次;对顶板底面高程及隧道断面净空尺寸,一般每隔10~50m测一次。

纵断面修改设计的步骤如下:
(1)审阅线路平面贯通测量及隧道底板面高程资料,现场踏勘检查;
(2)提出上下行线隧道结构断面净空及高程测量要求;
(3)标绘隧道结构底板、顶板净空的放大纵断面图;
(4)分析隧道结构净空放大纵断面图,找出高程控制点;
(5)纵断面坡度修改设计;
(6)检核净空高度及道床厚度是否满足要求。

在困难条件下,限界中可以适当扣除施工误差预留,道床可作特殊设计,减薄厚度。在采取上述措施仍不能满足净空要求时,由施工单位采取补救措施,扩大隧道净空,并根据施工补救方案进行纵断面修改设计。

三、施工图设计阶段平面及纵断面设计的表示

施工图设计阶段平面和纵断面图形的表示比初步设计阶段更加详细,线路平面图除要对交点及曲线要素、方位角、里程桩号、特征点、断链、线间距、车站位置及名称、车站中心里程、站间距、辅助配线的道岔岔心以及重要障碍物进行精确标注外,还要标示结构边线、旁通道及泵房位置等要素;纵断面图除了标示车站名称、车站中心里程、站间距、坡度及坡长、平面曲线与车站示意、与线路相交的建筑物及邻近的障碍物里程、断链里程及车站河道高程外,还要标

示最低点的里程及高程、旁通道及泵房的位置等。图 2-25~图 2-28 为施设阶段线路平面和纵断面的表示图。

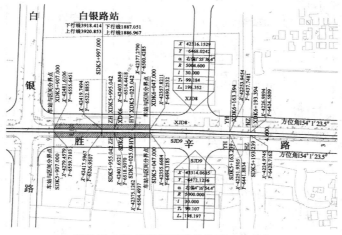

图 2-25 施工图设计阶段线路平面表示图

图 2-26 施工图设计阶段线路平面表示图

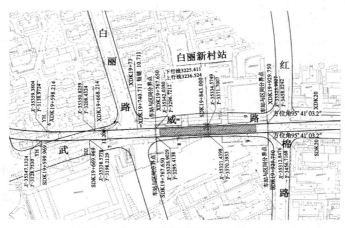

图 2-27 施工图设计阶段线路平面表示图

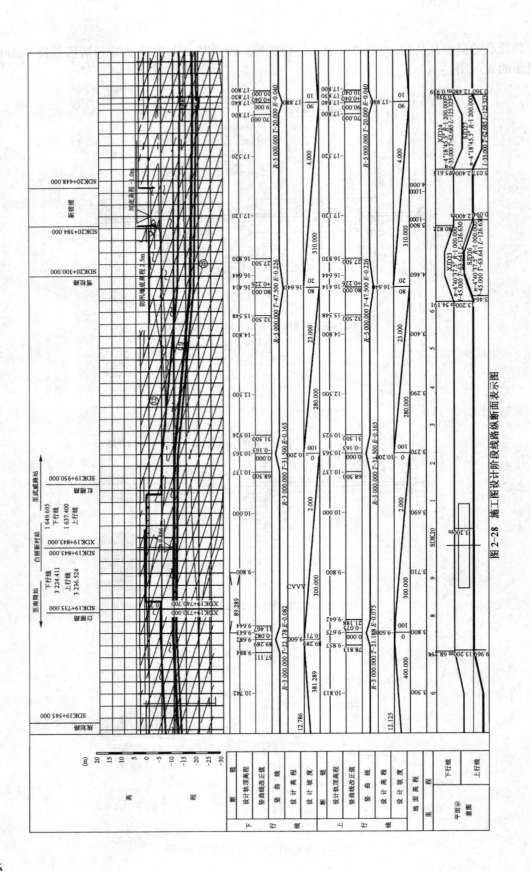

图 2-28 施工图设计阶段线路路纵断面表示图

第三章 轨道结构设计

第一节 概　　述

一、轨道结构的类型

轨道结构是由钢轨、轨枕、联结零件、道床、道岔以及附属设备组成,钢轨通过联结零件被紧扣在轨枕上,轨枕埋在道床内,道床则直接铺在路基面上。轨道结构的作用是导向列车的运行和承受高速行驶列车的荷载,并将其从钢轨分布、传递给轨枕、道床以及支撑轨道结构的基础。

城市轨道交通为城市区域内的大运量交通系统,通常情况下,其运营条件与国家铁路存在如下差异:

(1)城市轨道交通最高运营速度一般在 80~120 km 范围内,车辆轴重为 140~160kN,相对于城市间干线铁路而言,其速度较低、轴重较小。

(2)城市轨道交通线路运营密度较高,高密度区间可达 30 对/h;线路在市区范围内主要为地下敷设方式,隧道内空间狭小,养护维修困难,客观上要求选择少维修、"免维修"的轨道结构。

(3)城市轨道交通线路沿线建筑密集,具有较高的环保要求。

城市轨道交通轨道结构一般可分为有砟轨道和无砟轨道两类。

有砟轨道为我国传统普速铁路的常用轨道形式,在我国城市轨道交通地面线路和车场线路有所应用,一般采用质地坚韧、透水性好、耐冻性强、不易压碎碾碎的碎石作为道砟材料。具有造价低廉、养护维修方便的特点。

无砟轨道是采用钢筋混凝土作为道床基础的轨道结构形式,相对有砟轨道具有如下特点:

(1)造型美观、整体性好、稳定性高、刚度均匀性好、结构耐久性强、绝缘性好、养护维修工作量小;

(2)轨道结构高度小,可减小占用隧道的空间和降低高架线路的二次恒载;

(3)轨道结构刚度大、振动和噪声大、施工工期长、造价高。

鉴于无砟轨道结构及城市轨道交通运营条件的特点,当前我国城市轨道交通地下、高架线路主要以无砟轨道结构形式为主。道床类型和形式因线路敷设方式及减振降噪要求不同而不同。由于无砟轨道结构形式为当前我国城市轨道结构的主要轨道结构形式,本章主要对无砟轨道结构的设计进行阐述。

二、主要设计原则

《地铁设计规范》(GB 50157—2003)对轨道设计原则主要有以下几条规定:

(1)轨道结构应具有足够的强度、稳定性、耐久性和适量的弹性,确保列车安全、平稳、快速运行和乘客舒适。

(2)全线轨道结构宜统一形式,采用通用的零部件,同时,应外观整齐、施工和维修工作量少且方便。

(3)根据环境保护对沿线不同地段的减振、降噪要求,轨道应采用相应的减振轨道结构。

(4)轨道结构应具有良好的绝缘性以减少杂散电流。

(5)轨道结构应采用成熟、先进的技术和施工工艺。

三、主要设计内容

由于轨道结构材料的力学性质不同,需采用科学的设计,将其合理可靠地组合在一起,使轨道结构成为一个安全可靠的构筑物,并满足外部系统或环境的设计、运营要求。轨道设计主要是针对组成轨道系统的各个零部件及构筑物的选型和设计,其主要设计内容如下:

(1)轨枕与道床:考虑轨道结构的经济合理性及外部环境要求,进行轨枕与道床选型和设计。

(2)钢轨:根据运量、速度、轴重等参数及运营实践经验,确定经济合理的钢轨质量、材质。

(3)扣件:根据不同钢轨类型、土建结构形式、运营工况、减振性能、道床形式及养护维修要求对钢轨扣件进行选型或者特殊设计。

(4)道岔及道岔道床:根据运营速度、运营性能及养护维修经验选择合理的道岔型号,并对于其轨下基础进行合理化设计。

(5)无缝线路设计:根据地铁运营速度的要求,选择合理的无缝线路形式。

(6)轨道附属及安全设备:根据运营工况和保障轨道状态稳定的要求,选用合理的轨道附属设备和安全设计。

(7)杂散电流防护:根据杂散电流专业的要求,设计合理的轨道排流网。

(8)养护维修组织及施工方法:建议合理的养护维修组织结构和成熟可靠的施工方法。

第二节 轨道结构设计

一、道床设计

(一)设计原则

无砟道床的选型和设计主要从线路区间结构形式、轨道结构强度、排水、防迷流等方面考虑。一般遵循以下设计原则:

(1)加强道床整体性设计,采用整体性和稳定性较强的道床结构;

(2)加强道床结构与结构变形的适应性设计;

(3)采取合理的轨道刚度设计,减少列车运行对隧道结构的动力作用;

(4)道床结构应进行耐久性设计,尽量与区间结构寿命相匹配。

(5)道床设计应满足相关防迷流专业的要求(一般单股轨道线路排流网截面面积应不小于$1\,800\,mm^2$)。

(6)道床应具有良好的防灾疏散功能。

(二)轨道结构高度

轨道结构高度是钢轨顶面至结构板顶面的距离。轨道结构高度的组成主要由钢轨高度、扣件高度、轨枕高度及轨下混凝土厚度组成。一般情况,为满足轨道结构的强度要求,轨下混凝土一般厚度不得小于 130 mm,困难地段不得小于 110 mm,地下线道床宜采用 C30 混凝土,高架线道床宜采用 C40 混凝土。

根据线路区间结构的不同及我国轨道交通的运营经验,《地铁设计规范》(GB 50157—2003)规定,轨道结构高度根据不同结构形式,宜采用下列数值:

(1)矩形隧道内混凝土整体道床为 560 mm。
(2)单线马蹄形隧道内混凝土整体道床为不小于 650 mm。
(3)单线圆形隧道内混凝土整体道床为不小于 740 mm。
(4)高架桥上整体道床为 500~520 mm。
(5)浮置板轨道为 750~900 mm。

一般情况下,普通地段整体道床,轨道结构高度按上述标准设计。对于受结构施工误差造成的轨道结构高度不足的情况下,可采用无枕式整体道床或减少枕下混凝土厚度,但需采用高强度等级混凝土材料。

(三)轨枕铺设标准

轨枕铺设标准是轨道结构设计的重要参数,其铺设标准一般根据线路的运营条件确定,并与钢轨、道床等轨枕主要部件合理配合,以求在最经济的情况,使得轨道具有足够的强度和稳定性。轨枕铺设标准会对钢轨应力、道床应力、基础应力产生相应的影响。轨枕间距小,则轨道各部件的受力小,且轨距、方向易于保持,对行车速度高的地段尤为重要,但间距太小会导致轨枕数量多,工程投资的增加。

我国地铁设计的轨枕铺设标准一般参照既有的运营实践经验及国外地铁的轨枕铺设标准而确定。通常情况下对于整体道床大半径小坡度的正线区段(直线及 $R>400\text{m}$ 或坡度 $i<20‰$)按 1 600~1 680 根(对)/km 标准铺设,对于小半径大坡度正线区段($R\leqslant 400\text{m}$ 或坡度 $i>20‰$),按 1 680 根(对)/km 标准铺设。辅助线通常按照 1 600 根(对)/km 标准铺设。车场线由于空载低速运行,其铺设标准一般为 1 440 根(对)/km。

(四)曲线超高的设置

地下隧道区间由于受地下空间限制,整体道床的曲线地段超高一般采取外轨抬高超高值一半和内轨降低超高值一半的办法设置。高架线采取外轨全超高的方式设置。曲线车站站台范围内设置的超高不得大于 15mm。

曲线最大超高值为 120 mm。曲线超高值在缓和曲线内递减顺接,无缓和曲线时,应在直线段递减顺接。超高顺坡率不宜大于 2‰,困难地段不应大于 3‰。

线路曲线超高应按下列公式计算:

$$h = 11.8v_c^2/R \tag{3-1}$$

式中:h——超高值(mm);
v_c——列车通过速度(km/h);
R——曲线半径(m)。

当设置的超高不能满足速度要求时,一般允许有不大于 61mm 的欠超高。

(五)道床类型及设计

1. 地下线一般整体道床
(1)长枕埋入式整体道床

长轨枕埋入式整体道床是将长轨枕埋在整体道床内，纵向钢筋贯穿长枕，形成整体。道床的混凝土强度等级为C30，轨枕采用预制预应力混凝土轨枕，混凝土强度等级为C50。纵向钢筋及防迷流钢筋等级一般采用HRB335级，横向钢筋及架立钢筋等级采用HPB235级。纵向配筋数量除了满足轨道结构强的要求外，还需满足排流截面的防迷流要求。

道床一般设置两侧排水沟，其中圆形隧道一般设圆形水沟，沟深100mm，矩形隧道受排水沟沟底顺坡的影响，一般设矩形水沟，水沟宽300mm，深100mm。图3-1和图3-2所示分别为圆形和矩形隧道长枕埋入式整体道床。

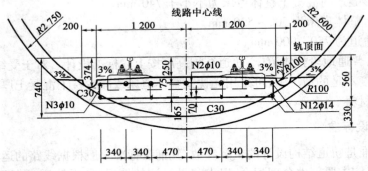

图3-1 圆形隧道长枕埋入式整体道床（尺寸单位：mm）

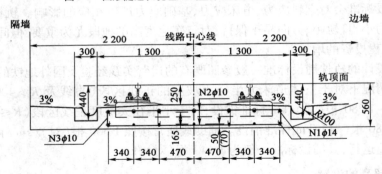

图3-2 矩形隧道长枕埋入式整体道床（尺寸单位：mm）

预制长轨枕长2100mm轨枕内有预留孔，以备道床的纵向钢筋穿过，这不仅可加强与道床的联结，并可结合排流筋综合布置，轨枕承轨面设有1:40轨底坡，可方便提高施工精度和速度。

长枕埋入式整体道床结构合理，坚固稳定，美观整洁；轨枕在工厂预制，用轨排法施工，进度快，精度易保证，且钢轨中间的道床平顺，便于灾害情况下的旅客疏散。目前为我国城市轨道交通地下线道床的主要类型之一。

（2）短枕埋入式整体道床

短枕式整体道床由短轨枕、C30混凝土道床及水沟组成。其中短轨枕在厂内预制，混凝土强度C50，底部外露钢筋钩，以加强与道床混凝土的联结，构成整体道床结构。道床表面设有3%的横向坡度，以利于排水。道床配筋要求、防迷流要求及纵向水沟的设置一般同长枕埋入式整体道床。

短枕式整体道床是目前我国城市地铁采用较多的轨道结构形式，其设计、施工技术成熟，结构简单，造价较低，现场施工作业灵活，但施工速度慢，施工精度难以得到保证。图3-3和图3-4所示分别为圆形隧道短枕埋入式整体道床。

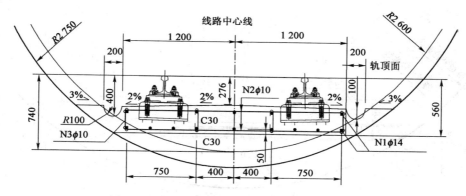

图 3-3　圆形隧道短枕埋入式整体道床(尺寸单位:mm)

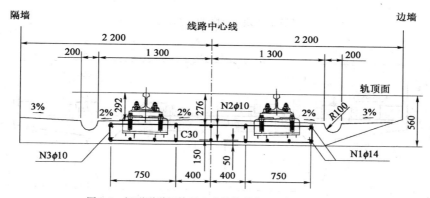

图 3-4　矩形隧道短枕埋入式整体道床(尺寸单位:mm)

(3)双块式整体道床

双块式整体道床是由双块式轨枕、C30 混凝土道床及水沟组成,是以德国的 RHEDA 2000 型为代表的一种无砟轨道,在国铁客运专线中,通过技术引进及再创新,已经开发出了国铁 CRST-Ⅰ型无砟轨道双块结构道床。该结构采用专门设计的钢桁架,连接两个短枕,与现浇混凝土道床之间有效结合,使新、老混凝土界面达到最少,因此其结构整体性较好。另外,双块式轨枕高度低,占用轨道结构高度少,在轨道调线坡设计及铺轨时,轨下道床混凝土厚度易得到保证。图 3-5 所示为圆形隧道双块式轨枕整体道床图。

双块式结构整体道床可采用轨排法施工,轨排较轻,施工更快捷,精度也较高,而且道床混凝土捣固作业方便,质量易于保证。其缺点是技术造价较高,国内仅在客运专线上有所应用,缺乏城市轨道交通运营养护经验。

2.高架线一般整体道床

(1)支承块承轨台式整体道床(图 3-6)

道床形式与隧道内中间排水沟短枕式整体道床基本类似,纵向做成两带状的整体道床。短轨枕横断面为梯形,侧面留沟,底部伸出钢筋钩,加强与道床混凝土的联结。利用道床两带状承轨台整体道床,外侧自然形成三条纵向沟槽,在梁端部将雨废水排入设在梁端两侧的预埋落水管,引入市政排水系统。该道床结构主要由支承块和承轨台两部分组成。

①支承块

支承块支承钢轨及其联结部件,是用钢筋混凝土制成的楔形块体,埋于承轨台中。顶面比

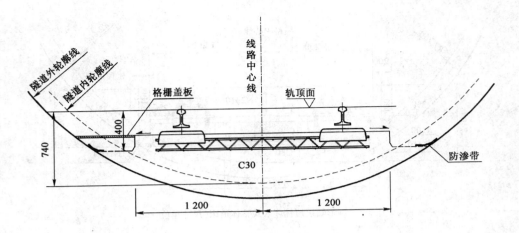

图 3-5 圆形隧道双块式轨枕整体道床图（尺寸单位：mm）

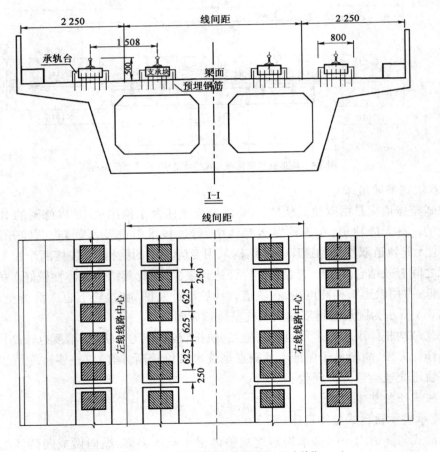

图 3-6 高架线支承块承轨台式整体道床（尺寸单位：mm）

承轨台面高,一般为 40~45mm。每块支承块顶面预留两个锚固螺栓孔,并配置塑料套管和螺旋钢筋,以增加其强度。支承块的混凝土强度为 C50。

②承轨台

承轨台与梁体混凝土系二次浇筑而成,在桥梁上预埋承轨台与桥梁的联结钢筋。承轨台的混凝土一般为C40。承轨台的尺寸需根据受力情况计算确定。上海明珠线一期工程一般地段承轨台的结构尺寸为长1 750mm,宽700mm,高250mm。每段承轨台上埋设三个支承块。

支承块承轨台式整体道床具有结构轻盈、价格低廉和技术成熟的特点,我国城市轨道交通高架线路一般均采用支承块承轨台式整体道床。

(2)板式轨道整体道床(图3-7)

板式轨道整体道床主要由预制道床板、调整层及底座等组成。目前比较常用或有可能在地铁里采用的主要有两种,一种是直线电机运载系统板式轨道结构,另一种是日本板式无砟轨道结构。

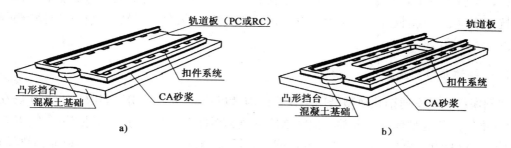

图3-7 板式轨道整体道床
a)普通板式轨道;b)框架型板式轨道

广州地铁4号线在国内首次采用板式轨道结构,也是国内首次采用直线电机运载系统。该板式结构主要由预制道床板、CA砂浆调整层、抗剪销组成。该板式结构主要由预制道床板、CA砂浆调整层、凸形挡台、基础底座组成。

板式轨道具有整体性好、美观,施工方便、施工速度快的优点,但结构自重大,工程造价高,国内城市轨道交通尚没有推广应用。

(六)道床排水设计

道床的排水是道床设计的重点之一。及时排除渗漏水、消防水等积水,经常保持区间结构内的干爽,对延长轨道结构的使用寿命,保证扣件等的绝缘性能以及改善养护维修作业条件都有很大作用。

高架线路排水一般可通过桥梁端预埋落水管直接将水排入市政管网系统中,而地下线则需集中将水排至特定的废水泵房或泵站进行处理。

地下线水沟主要排放隧道渗漏水、消防废水和道床冲洗水。水沟的设计断面流量应大于消防废水和结构渗水流量。通常情况下隧道内道床排水设计原则如下:

(1)车站隧道的水原则上不得排向区间隧道。

(2)在区间隧道实际最低处设置废水泵房,结构渗漏水、轨道冲洗水和消防废水通过侧沟排入集水井,再用自动潜水泵就近泵入城市下水道。

(3)侧沟纵向排水坡度原则上与线路坡度相同,线路为平坡地段,排水沟纵向坡度不小于2‰。道床面应根据水沟设置位置设坡度为3‰横向排水坡。

(4)道岔区及浮置板轨道地段的排水须作特殊设计。

(5)不同水沟高度处顺坡衔接。当废水泵房位置偏离线路最低点时,作局部反坡排水设计。

(七)道床伸缩缝

考虑到混凝土道床受温度变化的热胀冷缩,消除道床混凝土裂缝,通常需每隔一定长度设置道床伸缩缝。一般隧道内整体道床每隔 12.5m 左右、U 形结构地段、旁通道前后及隧道进出口 30m 范围内每隔 6m 左右设置伸缩缝一处,隧道结构沉降缝处亦应设置道床伸缩缝。伸缩缝应避开轨枕位置,伸缩缝可用 20 mm 厚木板填塞。

二、钢轨选型

钢轨是轨道的重要部件,因直接承受车轮的巨大压力和冲击力而发生弯曲变形,需要有足够的抗弯刚度、抗冲击韧性和耐磨性。对于钢轨的选型,主要是对钢轨质量和材质两方面进行选型。

(一)钢轨质量的选型

我国城市轨道交通钢轨轨型沿用了铁路标准,以每米的质量来分,常用轨型有 50 kg/m 和 60 kg/m 钢轨。其选型标准一般参考国家铁路钢轨选型标准,即年通过总质量等于、接近 25 Mt 时,应铺设 60 kg/m 钢轨。另外,从技术性能上分析,60 kg/m 钢轨相对于 50 kg/m 钢轨具有如下特点:

(1)允许通过质量大,稳定性高。60 kg/m 钢轨较 50 kg/m 允许通过质量可提高 50%。

(2)抗弯强度大。有关资料介绍 60 kg/m 钢轨较 50 kg/m 钢轨抗弯强度增强 34%,而弯曲应力减少 28%。

(3)使用寿命长。60 kg/m 钢轨为 50 kg/m 钢轨的 1.5~3.0 倍,由疲劳破坏造成的更换率为 50 kg/m 钢轨的 1/6。

(4)维修工作量小,减振性能良好。相关研究表明,同样条件下 60 kg/m 钢轨的轨道维修工作量相对减少 40%,受列车冲击振动相对要小,较 50 kg/m 钢轨减少 10%,有利于减振降噪。

因此一般在经济条件允许的条件下,正线、辅助线、出入线和试车线均采用 60 kg/m 钢轨。我国《地铁设计规范》(GB 50157—2003)中 6.2.1 条亦规定"正线及辅助线钢轨应依据远、近期客流量,并经济技术综合比较确定,宜采用 60 kg/m 钢轨,也可采用 50 kg/m 钢轨,车场线宜采用 50 kg/m 钢轨"。

(二)钢轨材质的选型

钢轨材质的选型需综合考虑轮轨硬度匹配和钢轨使用寿命特点。

1. 钢轨使用寿命特点

根据对北京、上海、广州等城市轨道交通的调研,对于轴重轻、速度低的地铁来说,直线及大半径曲线地段钢轨使用寿命受疲劳控制,$R \leqslant 400$m 小半径曲线地段钢轨使用寿命受磨耗控制。

2. 轮轨硬度匹配

我国目前城市轨道交通钢轨按材质分主要有 U71Mn 和 U75V 钢轨,其主要技术特性如表

3-1 所示。

钢轨主要技术性能表　　　　　　　　　　　　　表 3-1

型　号	热处理工艺	σ_b(MPa)	轨头踏面中心线硬度(HB)
U71Mn	热轧	≥883	260~300
	热处理	≥1 180	300~380
U75V	热轧	≥980	280~320
	热处理	≥1 180	341~380

根据相关轮轨硬度匹配研究,认为钢轨受力复杂,钢轨比车轮更易磨耗,养护维修条件较差,应提高钢轨的强度和硬度,但钢轨硬度太高,也会加剧车轮磨耗。根据国内外钢轨使用经验,提出钢轨与车辆轮缘的硬度比以 1.1~1.2 为宜。我国地铁通常采用的辗钢车轮的踏面平均硬度为 255~285HB。因此,由表 3-1 可见热轧钢轨与车轮硬度相匹配程度优于热处理钢轨,宜选用热轧钢轨。U75V 热轧钢轨较 U71Mn 热轧钢轨硬度高,但与车轮硬度匹配度较差,但在小半径曲线地段,U75V 钢轨耐磨性高,可延长钢轨使用寿命 1.5~2 倍,具有较大优势。

因此,通常情况下,我国城市轨道交通在曲线半径 $R \leq 400$m 的地段铺设 60kg/m U75V 热轧钢轨,在 $R > 400$m 的曲线地段及直线地段铺设 60kg/m U71Mn 热轧钢轨。

三、扣件选型

(一)扣件选型设计原则

扣件的作用是固定钢轨正确位置,阻止钢轨的纵向和横向位移,防止钢轨倾翻,还能提供适量的弹性,并将钢轨所受的力传递给轨枕和道床,其主要设计原则如下:

(1)扣件应有足够的强度,以抵抗钢轨的纵向力和横向力,其承受横向力不小于 40 kN,抗拔力不小于 60 kN,每组扣件防爬力不小于 8 kN。在高架桥铺设无缝线路时,为了减少温度变化或桥梁承受列车荷载产生扰曲,梁面变形引起桥梁结构与焊接长钢轨的相互作用力,因此要求扣件阻力应控制在一定范围内。

(2)无砟道床刚度大,轨道弹性主要依靠扣件及垫层提供,因此扣件应具有较好的弹性,以减少列车荷载的冲击,使钢轨承受的荷载能均匀地传递到道床上,扣件节点垂直静刚度一般在 50 kN/mm 以下。

(3)扣件应具有良好的扣压力,每组扣件的扣压力 >12 kN。同时还应有满足实际需要的轨距和高低调整量。在高架桥整体道床上的扣件需要较大的高低调整量以适应预应力梁的徐变和桥墩的不均匀沉陷。

(4)扣件应具有良好的绝缘性能,以减少杂散电流,其绝缘部件的工作电阻应大于 $10^8 \Omega$。

(5)扣件应尽量标准化,结构简单易铺设及维修。

(6)扣件金属部件应做防腐处理。

(二)地下线一般扣件选型

我国地下线一般弹性扣件主要有 DT 系列扣件和单趾弹簧扣件等,各个扣件的主要技术性能如表 3-2 所示,各扣件如图 3-8~图 3-12 所示。

地下线常用扣件技术性能一览表　　　表 3-2

扣件名称		DTIII	DTIII2	DTVI	DTVI2	DZ 型
扣件类型	有无挡肩	有挡肩	无挡肩	有挡肩	无挡肩	无挡肩
	是否分开	分开式	分开式	分开式	分开式	分开式
扣压件锚固形式	有无T形螺栓锚固	有	有	无	无	无
节点垂直静刚度	kN/mm	20~30	20~40	20~30	20~40	30~40
调整量	水平(mm)	10	40	10	30	30
	轨距(mm)	+8/-12	+8/-12	+8/-12	+8/-12	+8/-12
已铺设运营地点		上海	上海	北京	深圳、北京	广州

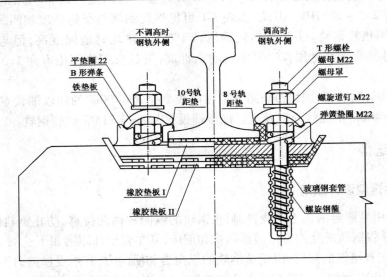

图 3-8　DTIII 型扣件

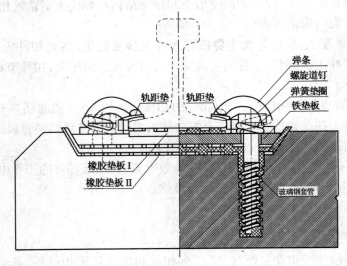

图 3-9　DTVI 型扣件

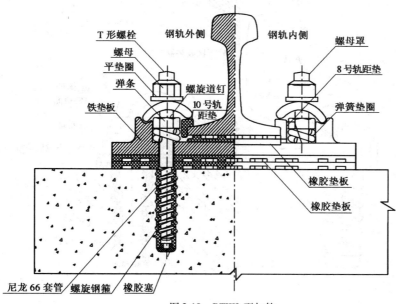

图 3-10 DTIII2 型扣件

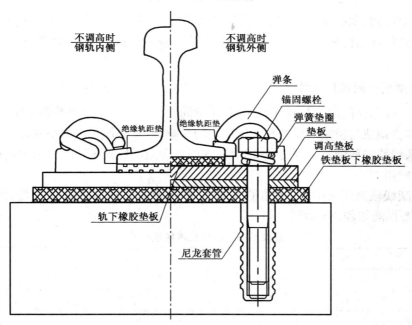

图 3-11 DTVI2 型扣件

如表 3-2 所示,城市轨道交通整体道床所采用扣件均为分开式扣件,从扣件的构造特征看,其主要区别在于扣件的挡肩形式和扣压件锚固形式。有挡肩扣件为我国早期地铁所采用的扣件形式,其缺点在于受挡肩限制,扣件的调高、调距量较小,养护维修困难,目前已较难适应养护维修的要求,因此无挡肩设计是目前扣件选型和设计的主要方向。

从扣压件锚固形式看,其区别在于是否通过 T 形螺栓锚固弹条,通过 T 形螺栓锚固弹条

67

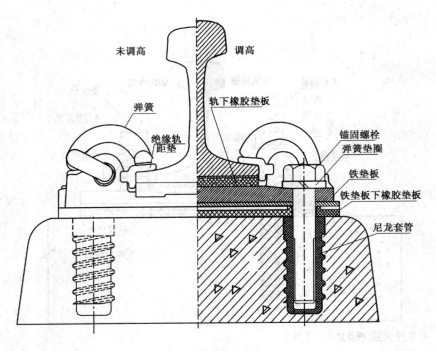

图 3-12 DZ 型扣件

的扣件扣压力可调、调高量大,但扣件零部件较多,结构复杂,养护维修工作量较大。无需T形螺栓锚固的扣件结构简单,结构零部件少,养护维修工作量小,是当前扣件选型和设计的主要方向。

(三)高架线一般弹性扣件

高架线一般扣件的形式与地下线相同,所不同之处在于高架线因暴露于空气中,轨温变化较大,考虑减少钢轨与桥梁结构的相互作用力的影响,要求扣件扣压力小并控制在合理范围之内,因此高架线路一般铺设小阻力弹性扣件,同时在合适的位置需铺设小阻力垫板来减少钢轨与扣件的摩擦阻力。

国内高架线轨道所采用的主型扣件主要有 WJ-2 型扣件和 DTⅦ2 型扣件,见图 3-13 和图 3-14。其主要性能如表 3-3 所示。

高架线常用扣件技术特性一览表　　表 3-3

扣件名称		WJ-2	DTⅦ2
扣件类型	有无挡肩	无挡肩	无挡肩
	是否分开	分开式	分开式
单个弹条扣压力	kN	4	4
节点垂直静刚度	kN/mm	40~60	20~40
调整量	水平(mm)	40	40
	轨距(mm)	+10~-10	+8~-16
	调距方式	轨距块调距和铁垫板椭圆孔调距	轨距块调距
是否有轨底坡		有	无
已铺设运营地点		上海、武汉、天津等	北京、天津等

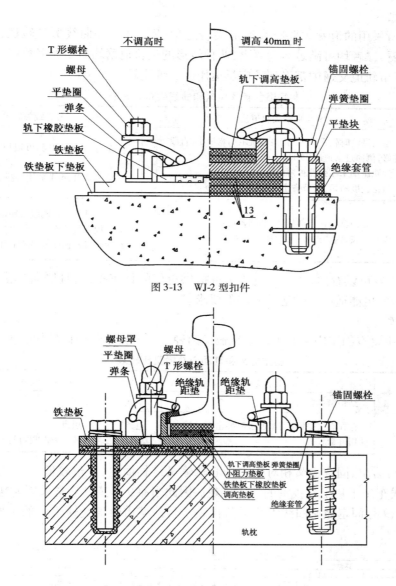

图 3-13 WJ-2 型扣件

图 3-14 DTVII2 型扣件

以上两种扣件均为国内高架线路的成熟主型扣件,其中 WJ-2 型扣件铁垫板锚固螺栓孔采用椭圆孔设计,具有无级调距的功能。

四、道岔

城市轨道交通道岔主要沿用铁路标准,道岔基本为定型产品,不同之处基本在于道岔轨下基础。对于城市轨道交通道岔的设计主要为选型设计及其轨下基础的设计。

(一)道岔选型

城市轨道交通速度较低,正线及辅助线主要选用 9 号道岔。对于道岔的结构形式而言,其辙叉和尖轨的形式直接影响到过岔速度、运营舒适度、寿命、养护维修工作量及投资。因此尖轨与辙叉的选型为道岔选型的重点之一。

1. 尖轨选型

国内地铁所采用的道岔主要有直线形尖轨道岔(图3-15)和曲线形尖轨道岔(图3-16)。从运营角度来看,二者均可满足运营要求,两种线形的尖轨道岔均满足大多数城市轨道交通的运营要求,在城市轨道交通中都得到了广泛运用。二者比较如表3-4所示。

表3-4 9号道岔直线尖轨和曲线尖轨比较表

	9号曲线尖轨道岔	9号直线尖轨道岔
优点	1.逆向进岔时较平顺,尖轨尖端轨距加宽量小,直股行车条件好,侧向过岔速度35 km/h; 2.尖轨跟端采用弹性可弯结构,结构稳定; 3.道岔长度略短,可节省土建投资	1.左右开道岔尖轨可通用互换,不需分别备料; 2.单点牵引,可节省电务投资
缺点	1.左右开道岔尖轨不通用,需分别备料; 2.尖轨较长,需两点牵引,增加电务投资	1.逆向进岔走行侧股时冲击角大,辙跟活接头养护维修量较大; 2.侧向过岔速度低:30 km/h

从表3-4比较可以看出,曲线尖轨道岔可提供更好的行车条件,且侧向过岔速度较高,列车通过能力较好,更能适应地铁运营发展的要求。

2. 辙叉选型

道岔辙叉主要有固定辙叉和可动心轨辙叉两种。二者技术经济比较如表3-5所示。

表3-5 固定辙叉和可动心轨辙叉比较表

项目	固定辙叉	可动心轨辙叉
优点	结构简单,造价较低	消除了有害空间
缺点	存在有害空间,列车通过时冲击振动较大,使用寿命较短	电务需增加牵引点, 2.道岔长度较长,增加工程投资

从表3-5可看出,固定辙叉相对于可动心轨辙叉结构简单,造价较低,且占用线路长度较短,对于有配线车站土建工程投资的节省可观。因此当前9号道岔通常采用高锰钢固定辙叉。

综上所述,9号固定辙叉曲线尖轨道岔代表了目前城市轨道交通道岔的主要选型和设计方向。

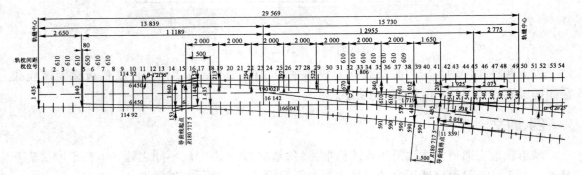

图3-15 60kg/m钢轨9号曲线尖轨单开道岔图(尺寸单位:mm)

(二)道岔道床设计

城市轨道交通道岔通常采用短枕式整体道床的形式。

道岔道床的设计除了遵循一般整体道床的设计原则外,同时要注意以下几点原则:

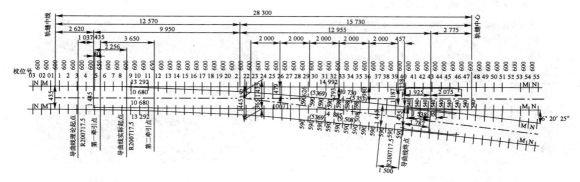

图 3-16　60kg/m 钢轨 9 号直线尖轨单开道岔图(尺寸单位:mm)

(1)道岔道床伸缩缝不可设置在辙叉、尖轨设备范围内;
(2)道岔道床需重点考虑转辙机位置预留沟槽的深度和宽度;
(3)道岔道床的排水沟设置应保证道岔区的排水顺畅。

五、轨道附属及安全设备

(一)车挡

为防止列车在意外情况下冲出线路末端,造成车辆和设施损坏,甚至危及人身安全,在正线和辅助线末端需设置车挡。当前,我国城市轨道交通正线车挡主要有三种类型:滑移式车挡、固定式液压缓冲车挡和滑移式液压缓冲车挡。

1. 滑移式车挡(图 3-17)

滑移式车挡由一台制动主架、三对制动轨卡(危险区段可视需要增加一至二对制动轨卡)组成。其原理为摩擦制动。当失控车辆的惯性冲力通过车挡制动主架传递至制动摩擦块,摩擦块与基本轨间的摩擦阻力消耗失控车辆的惯性动能。该设备须与按照与线路终端的 XCD 固定车挡配合使用。滑移式车挡具有价格低廉技术成熟的优点,但其采用摩擦制动,占用线路较长(占用长度 15～17 m),且在制动工况中,车体与车挡刚性接触,易造成车体损伤。

图 3-17　滑移式车挡

2. 固定式液压缓冲车挡(图 3-18)

固定式液压缓冲车挡,由两套液压缓冲油缸和一台撞击引导装置组成。缓冲滑动式车挡技术较先进,结构合理,能有效地消耗列车动能,不损坏车辆和车挡,确保人身安全。缓冲液压式车挡能自动复位,占用线路长度少(长约 8 m),但价格高昂。

3. 滑移式液压缓冲车挡（图3-19）

图3-18　固定液压缓冲式车挡

图3-19　滑移式液压缓冲车挡

滑移式液压缓冲车挡是在上述两种车挡的基础上研制的新型车挡，它是在制动主架上安装了小型的液压缓冲装置。跟滑移式车挡相比，其占用线路长度相当，但它能够不损坏车辆，能够更好地保证车辆和乘客的安全。

通常情况下，当车站长度不受车挡控制的线路终端，一般推荐采用滑移式液压缓冲车挡。当车站长度受车挡长度控制时，推荐采用占用线路长度较短的固定式液压缓冲车挡，以降低综合造价。

（二）钢轨伸缩调节器

图3-20　钢轨伸缩调节器

高架桥上无缝线路，除采用小阻力扣件外，还应在道岔前后和其他应当设置位置铺设钢轨伸缩调节器（图3-20），钢轨伸缩调节器既能保证轨道的稳定，又能保证最高轨温下不胀轨跑道、最低轨温下断轨的断缝不超过允许值。另外，一般在道岔区前后铺设钢轨伸缩调节器以阻断钢轨伸缩力对于道岔的影响。

钢轨伸缩调节器应设置在直线上，在钢轨伸缩调节器范围内不得有竖曲线。钢轨伸缩调节器的材质应与正线钢轨材质相同。

钢轨伸缩调节器有单向和双向两种，伸缩量有420mm、600mm和1 000mm三种，在道岔前后设置两组单向钢轨伸缩调节器，在高架区间设置双向钢轨伸缩调节器，伸缩量根据具体情况合理选用。图3-21所示为单向钢轨伸缩调节器平面示意图。

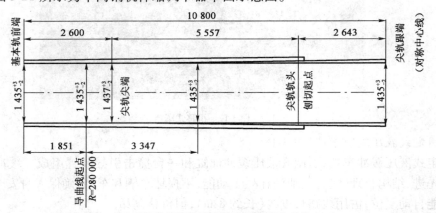

图3-21　单向钢轨伸缩调节器平面示意图（尺寸单位：mm）

（三）防脱护轨

防脱护轨是城市轨道交通的新型设备，能消除列车车轮因减载、悬浮而脱轨的隐患，城市轨道交通用的防脱护轨轮缘槽一般为60~85mm，当一侧车轮轮缘将要爬上轨顶面时，同一轮对的另一侧车轮的轮背与护轨接触，促使要爬轨的车轮回复到正常位置，防止列车脱轨。图3-22所示为防脱护轨结构示意。

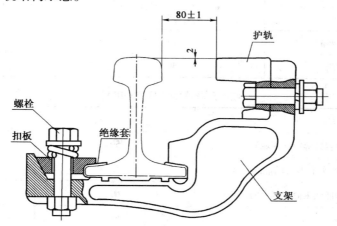

图3-22　防脱护轨结构示意图（尺寸单位：cm）

根据《地铁设计规范》的要求，在高架桥下列地段设置防脱护轨：

（1）线路跨越重要道路时，在靠近桥梁中线的两股钢轨内侧两端各20m范围内设置防脱护轨。

（2）半径小于500m曲线的圆缓点、缓圆点附近，缓和曲线部分35m，圆曲线部分15m，在内股钢轨内侧设防脱护轨。

（3）竖曲线与缓和曲线重叠处，重叠范围内两股钢轨的内侧设防脱护轨。

六、减振设计

城市轨道交通沿线建筑密集，运营的振动和噪声不仅会严重影响乘客和沿线人们正常的生活，还可能会引起周边建筑物结构及相关精密仪器设备的正常运营造成影响和损坏。因此，控制轨道交通振动和噪声是轨道交通运营环境保护的重要课题，相应地减振型轨道结构的选型和应用是城市轨道交通轨道设计的重要内容。

（一）减振设计的原则和方法

1. 减振设计原则

一般城市轨道交通减振降噪设计可参照以下原则及方法。

（1）应以国家环保有关标准规定（表3-6和表3-7）为基本依据，对轨道交通工程沿线周边建筑物振动和噪声响应值进行预测，以确定振动和噪声超标值。

（2）以工程《环境影响报告书》及其批复为主要依据。环评报告对本工程沿线振动敏感点进行了环境振动现状调查、监测与评价，并对运营后引起的环境振动与噪声等环境影响加以预测，对沿线振动超过国家环保标准地段及超标值提出了要求。《环境影响报告书》经国家有关部门审批后，作为轨道减振设计的主要依据。

城市区域环境振动标准(dB)　　　　　　　　　表3-6

适用地带范围	昼间	夜间
特殊住宅区	65	65
居民、文教区	70	67
混合区、商业中心区	75	72
工业集中区	75	72
交通干线道路两侧	75	72
铁路干线两侧	80	80

城市声环境噪声标准(dBA)　　　　　　　　　表3-7

区域类别		昼间	夜间
0类(康复疗养区等特殊区域)		50	40
1类(居民、医疗、文教、行政等功能的区域)		55	45
2类(商业为主要功能或工商业混合的区域)		60	50
3类(工业、仓储区)		65	55
4类(交通干线两侧)	4a类(公路、道路交通干线两侧)	70	55
	4b类(铁路交通干线两侧)	70	60

（3）根据环评对沿线环境的评估，采取分级减振降噪措施，做到因地制宜，经济合理。

（4）减振降噪型轨道结构应具有稳定性和耐久性，结构相对简单，技术成熟先进，便于组织施工、安装。

2. 分级减振设计方法

通常情况下，城市轨道交通的减振设计需根据不同的减振指标和减振轨道结构的减振功能等级，划分合理的分级减振等级，以达到经济合理、技术可行的目的。通常情况下，减振等级可划分如下：

（1）中等减振地段，减振指标3～5 dB；

（2）较高减振地段，减振指标5～10dB；

（3）高等减振地段，减振指标10～15dB；

（4）特殊减振地段，减振指标为15dB以上。

（二）减振型轨道结构

减振型轨道结构主要应用于城市轨道交通线路沿线具有一定减振降噪要求的地段，主要有高弹性扣件和弹性轨下基础两种方式。减振型轨道结构的选型须根据减振要求，综合考虑性能、造价、使用寿命、施工、养护维修等因素。

1. 高弹性扣件

高弹性扣件减振轨道结构的特点是通过降低扣件节点静刚度来降低轨道结构的刚度。我国常用的高弹性扣件有LORD型扣件、轨道减振器扣件、双层垫板减振扣件及Vanguard扣件等（图3-23～图3-26）。其性能如表3-8所示。

常用高弹性扣件技术性能一览表 表3-8

扣件名称	LORD扣件	轨道减振器扣件	双层垫板减振扣件	Vanguard扣件
节点垂直静刚度（kN/mm）	17	8~12	10	7.5
减振效果(dB)	5~8	10~12	10~12	15
适用地段	中等减振地段	较高减振地段	较高减振地段	高等减振地段
已铺设运营地点	上海、深圳、广州等	上海、北京、广州、深圳	深圳、广州	北京、上海、广州

图3-23 Lord扣件

图3-24 双层垫板减振扣件

图3-25 轨道减振器扣件

图3-26 Vanguard扣件

2. 弹性轨下基础

我国城市轨道交通弹性轨下基础轨道结构主要有弹性支承块整体道床、梯形轨道结构及浮置板轨道结构等。

（1）弹性支承块

弹性支承块式轨道结构由弹性支承块、道床板和混凝土底座及配套扣件构成，见图3-27。弹性支承块由橡胶靴套包裹的钢筋混凝土支承块及支承块下大橡胶垫板组成。支承块承轨部分设轨底坡，支承块与铁垫板的联结要通过预埋绝缘套管及螺栓来实现；道床板由就地灌注的填充混凝土和槽形板组成的道床将弹性支承块嵌固在其中。该减振轨道结构,造价低廉,减振效果明显(减振效果可达10dB),但减振寿命短,后期更换和养护维修困难。一般适用于高等减振地段。

(2)梯形轨枕轨道

梯形轨枕轨道系统的轨枕是由两根钢筋混凝土纵梁及三根钢管制的横向连接杆构成的,形似扶梯,因此称为梯形轨枕,见图3-28。梯形轨枕下设弹性减振装置,弹性垫层有板型、球型、角型等多种

图3-27 弹性支承块式整体道床

形式。其采用了轻量级质量—弹簧系统的概念,利用减振材料等间隔支撑结构,使其浮于混凝土整体道床上,从而实现了低振动、低噪声。测试表明,无砟道床梯形轨枕轨道的减振降噪效果约为15~20dB。该轨道结构具有减振效果好、结构轻型、施工方便的特点,但造价昂贵,一般应用于高等减振地段或特殊减振地段。

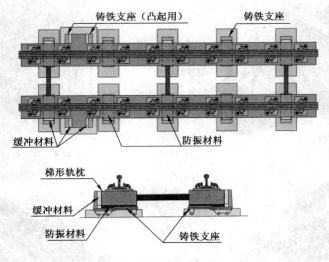

图3-28 梯形轨枕道床

(3)浮置板式轨道结构

浮置板道床由钢筋混凝土板和支撑它的隔振系统形成质量—弹簧体系,其减振原理是在轨道上部建筑和基础之间插入一个固有频率很低的线性谐振器,防止由钢轨传来的振动透入基础。根据隔振介质的不同,国内应用的主要分为橡胶浮置板(图3-29)和钢弹簧浮置板(图3-30)两大类。该轨道结构减振效果较好(减振效果可达10~40 dB),但造价昂贵,一般适用于高等或特殊减振要求的地段。

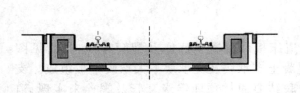

图3-29 橡胶浮置板整体道床

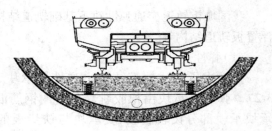

图3-30 钢弹簧浮置板道床

第三节 轨道结构设计的相关接口

城市轨道交通工程是一项包含了众多不同专业的系统工程,轨道系统与线路、限界、车辆、行车、结构、路基、给排水、通信、信号、供电、杂散电流、人防工程等专业均有密切联系,牵涉的专业多,接口关系复杂,因此,在设计过程当中,必须做好与相关专业接口的配合,环环相扣,才能出色地完成轨道系统的设计工作。表3-9为轨道专业与相关专业的接口关系表。

轨道结构设计与相关专业接口关系表　　　表3-9

相关专业	接口内容与要求	输入资料	输出资料
线路	道岔型号、辅助线配置	线路平、纵断面图	1. 车挡类型及占用长度; 2. 各类道岔的总布置图(含渡线线间距要求)
限界	轨道结构形式及高度、道岔型号、超高设置	设计限界图及有关要求	1. 各类道床形式及结构高度; 2. 各类道岔总平面布置图; 3. 超高设置方法
车辆	车辆相关技术参数	车辆轴重、轴距、速度、编组等资料	1. 钢轨选型; 2. 道岔选型; 3. 车挡选型
行车	工务定员及用房、运量	1. 车辆编组、道岔侧向过岔速度; 2. 曲线牵引计算速度	1. 工务养护维修定员及工务用房; 2. 曲线超高设置要求
结构	各类土建结构的断面形式、轨道结构形式	1. 轨道专业提供各种类型的轨道结构高度; 2. 结构提供高架桥及高架车站的梁跨布置	1. 各类土建结构的横断面图; 2. 高架桥及高架车站地段的轨道荷载; 3. 轨道结构承轨台预埋钢筋设计
建筑	轨道结构形式及高度、工务用房	1. 各类道床形式及结构高度; 2. 工务用房要求	车站站台层平、横断面设计图
杂散电流	对轨道杂散电流要求	杂散电流专业标准设计图及对轨道专业的相关要求	提供各类道床形式及设计
给排水	区间与车站道床排水配合	区间和车站泵房位置、排水入口位置和过轨位置要求	区间和车站特征点和特殊地段排水平面图
信号	道岔设计的配合内容	道岔转辙机安装图及设备基础要求;提供绝缘接头位置及安装信号设备及过轨电缆、过轨槽预埋预留位置和要求	1. 各类道床形式; 2. 各类道岔总平面布置图、道岔及钢轨类型、转辙机安装装置要求等; 3. 过轨槽过轨管线布置
通信、供电	过轨管线	提供电缆过轨位置及相应要求	过轨槽和相关管线布置
环评	减振等级及地段	提供本工程高等及特殊减振轨道设计相关要求	分级减振降噪措施

续上表

相关专业	接口内容与要求	输入资料	输出资料
人防工程	人防门的位置和要求	提供防护密闭人防门的位置和相关要求及断面图	人防门轨道结构设计
车辆段站场、工艺	道岔、车挡类型 轨道结构高度 检查坑类型、范围和道床位置	站场平面布置图,各线路的功能,车辆段工艺平面布置图和相关要求	1. 各类道床断面; 2. 轨道结构高度; 3. 车挡类型及占用长度; 4. 各类道岔的总布置图
概算	工程数量	投资估算编制要求,如工程量清单格式等	主要工程数量

第四章 地下车站建筑设计

第一节 设计内容与原则

一、设计内容

地下车站建筑设计的内容主要包括：
(1) 总平面设计；
(2) 分层平面设计和竖向设计；
(3) 车站出入口设计；
(4) 风亭设计；
(5) 无障碍设施设计；
(6) 防灾设计等。

二、设计原则

(1) 车站布设应方便乘客集散、乘降和换乘，包括与其他轨道交通线、公交线路、自行车等的换乘，为乘客提供最大可能的方便。

(2) 车站布设应与城市道路网及公共交通网密切结合，应符合轨道交通网络规划和城市总体规划的要求，并且与城市总体规划和车站所处地区的城市规划相互协调。

(3) 车站布设应与旧城改造和新区土地的开发相结合，车站分布应方便施工、减少拆迁、降低造价，并注重城市轨道交通建设与周边经济发展的互动效应，为可持续发展创造条件。

(4) 车站设计规模应根据预测的远期高峰小时客流量的大小、车站所处位置的重要性及该地区远期发展规划等因素综合考虑确定，同时还应保证事故期间乘客能够紧急疏散。

(5) 车站是乘客集散和乘降的场所，车站建筑设计应体现交通功能的特点，以人为本，合理吸引和组织客流，满足行车组织、运营管理和设备的要求。

(6) 地下车站建筑设计，应充分利用地形、地貌条件，最大限度地压缩车站规模，使车站设计能体现出综合最优的效果。

(7) 换乘站在结合周围环境特点布置站位的时候，不仅需要考虑近期车站的功能实施，还需兼顾远期站位换乘方案的便捷和远期实施的可操作性，并应根据远期客流要求、工程分期实施的条件，合理选择车站形式、换乘方式及控制近、远期车站建设规模，使近期车站的方案具备最大的适应性和合理性。

(8) 车站平面设计应布局合理，力求紧凑，并且便于运营管理。车站内应具备良好的通风、照明、卫生、防灾等条件，并积极采用新技术、新工艺、新材料，方便施工，减少干扰，降低成本。

(9) 车站的防灾设计要满足《地铁设计规范》及《城市快速轨道交通工程项目建设标准》及其他有关规定。

（10）人防工程设计要满足城市人防工程等级的要求，考虑平战结合进行平战转换。

（11）车站设计必须考虑无障碍设计。

（12）地下车站出入口、风亭、冷却塔位置应符合规划部门的规划要求，尽量与现有或规划建筑合建，减少对城市景观的影响。

（13）地下车站沿线多为城市发展成熟区及旧城中心区，与地铁其他线都有交会，换乘点多，车站建设需考虑对既有以及规划轨道交通线网、周边环境、交通、建筑的影响，强调车站实施的可行性。

第二节 设计标准

一、站厅层

（1）地下车站公共区装修后地坪面至结构顶板底面净高≥4 500mm。

（2）公共区装修厚度150mm或200mm。

（3）公共区装修后净高≥3 000mm。

二、站台层

站台层分为采用屏蔽门（安全门）系统和非屏蔽门（安全门）系统两种。采用屏蔽门系统时，在屏蔽门两端外侧应留出不小于1.5m×1.5m的空间，供列车驾驶员工作使用。

（1）站台最小宽度：

岛式站台（无柱时）：≥8 000mm；

岛式站台（有柱时）：≥10 000mm；

岛式站台侧站台宽度：≥2 500mm；

侧式车站（长向范围内设梯）的侧站台：≥2 500mm；

侧式车站（垂直于侧站台开通道口）的侧站台：≥3 500mm。

（2）地下车站结构净高（板下）：（一般情况下）≥4 200mm。

（3）公共区地坪装修层厚度：100mm。

（4）公共区站台装修面至轨面高度：（根据车型确定，一般情况下）1 050mm。

（5）轨顶面至结构底板：（一般情况下）560mm。

（6）站台边缘到线路中心线：（一般情况下）1 500mm。

（7）线路中心线到侧墙净距：（一般情况下）2 150mm。

三、楼梯及自动扶梯

楼梯的相关标准为：

（1）单向公共区人行楼梯最小宽度≥1 800mm。

（2）双向公共区人行楼梯最小宽度≥2 400mm。

（3）浅埋车站应在付费区内至少设一座楼梯。

（4）管理、设备区（管理用房较多一端）内应设一座净宽不小于1 100mm的工作人员专用楼梯。

（5）消防专用楼梯最小宽度≥1 000mm。

(6)站台至轨行区的工作梯(兼疏散梯)最小宽度≥1 100mm。

自动扶梯的相关标准为:

(1)地面到站厅的自动扶梯应按近期设计客流量设置,按远期设计客流量预留。站厅到站台的自动扶梯应按远期设计客流量设置。每台自动扶梯的汇集客流量应尽可能相等。车站出入口的提升高度超过6m时,应设上行自动扶梯;超过12m时应考虑上下行均设自动扶梯。

(2)自动扶梯的倾角为30°,有效净宽按1 000mm计算。

(3)自动扶梯的踏步面到顶部的建筑物底面的限界竖直净空高度≥2 300mm。

(4)自动扶梯扶手带中心线至墙面装修面的最小距离500mm。

(5)自动扶梯踏步面至上部任何障碍物的最小高度≥2 300mm。

(6)当自动扶梯穿过一层楼面(或平台)时,自动扶梯扶手中心线至开孔边沿的净距应≥500mm。

(7)运行方向相对的自动扶梯工作点之间净距≥15 000mm。

(8)运行方向相反的自动扶梯工作点之间净距≥12 000mm。

四、通道、出入口

(1)车站出入口规模应以满足远期设计客流量的疏散为依据。地下车站一般宜设4个出入口,当车站设计客流量较小,站址建设条件又比较差的情况下可酌情减少出入口数量,但不能少于2个。

(3)出入口楼梯及通道的通过能力应大于车站内部楼梯和自动扶梯的疏散能力之和。

(4)每个出入口宽度及朝向应满足分向客流的需要,地面口部应根据客流大小留有足够的集散面积。有条件地方宜留停放自行车面积。

(5)车站出入口平台高程应比规划室外地面高程高出450mm。出入口建筑应考虑防洪闸槽,闸槽高度为平台面以上550mm。

(6)车站出入口和街面建筑合建时,在出入口和街面建筑物之间应采取防火分隔措施,以确保客流疏散。

(7)出入口通道长度>60m时设置排烟,>100m时应满足疏散要求。

(8)宽度:≥2 500mm。

(9)净高(通道长度≤60m):≥2 500mm。

(10)通道纵向坡度:0.3%≤i≤5%。

五、风亭

(1)地下车站风亭的分散与集中设置应根据地貌、地面的城市规划、施工的可能性及经济性来实施,尽量与地面建筑相结合。

(2)风道长度、风亭面积、风口高度除应满足通风工艺要求外,还应满足环保要求,送、排风口不得正对邻近建筑物的门窗或人行道,相隔距离应≥5m。人行道旁的送排风口应高出人行道2m以上。

(3)拟附建在规划建筑物内的风亭,应考虑今后与该建筑物施工建造的接口问题,以免相互造成功能及景观上的影响。

(4)独立修建的地面风亭应注意与周围环境相协调,风亭的体量尽量小一点,高度低一点,造型要美观。

(5)在周边具备绿地条件的地段宜采用敞开式低风井,并应做好排水、防淹、安全、挡物措施。

六、无障碍设计

(1)每个地下车站应在出入口与站厅层之间以及站厅层与站台层之间设置残疾人用的垂直电梯(兼作车站内部货运、老弱病幼使用)。当车站在街坊内布置时残疾人电梯可从地面直接通到站台。

(2)连接站厅层与站台层的电梯应设在站厅层付费区内、站台层中部以方便使用和管理(此电梯不计入紧急疏散用)。

(3)车站的公厕内设残疾人厕位。

(4)乘客通行路线中有高差的部分应设坡道连接。

(5)出入口、通道、楼梯、站厅及站台等盲人涉足之地应设盲人导向带,具体要求应符合无障碍设计的有关规范。

七、车站疏散能力

车站内所有人行楼梯、自动扶梯和出入口通道宽度的总和,应分别能满足远期高峰小时设计客流量在紧急情况下6min内将一列车满载乘客和站台上候车乘客(上车设计客流)及工作人员全部撤离站台的要求。

对较特殊车站,还应分别按不同时期的设计客流量进行验算。

与其他建筑合建的出入口,不得设置有碍疏散的设施或堆放物品。

第三节 实例分析

郑州市轨道交通1号线郑州大学站为地下二层车站,下面以该站为例进行分析。

一、设计背景

本站位于中原东路与兴华南街交叉口附近,中原东路下。中原东路道路北侧主要有机械研究院家属院、郑州网通公司、郑州电信局、核五院家属院等,中原东路南侧主要有绿城广场、绿城宾馆、郑州大学以及一些住宅区。站位附近的用地规划以学校用地、居住用地为主。

中原东路是郑州东西向的城市主干道,建设路规划道路红线宽60m,中间机动车道宽41.2m。现状道路为双向八车道,地面车流量、人流量均比较大,现状道路两侧有3.5m宽的人行道,人行道与机动车道之间有两条7m宽的绿化带。车站所处站位郑州大学站有多路公交车站点,车站出入口与公交站点可便捷换乘。

根据管线资料显示:中原东路下管线较为密集,道路北侧主要有S-DN600给水管、Y-d1000雨水管及S-DN150的给水管;道路南侧主要有W-d400污水管及部分通信管线。以上管线埋深均在地下3m以内,对车站影响较小。表4-1所示为远期车站早高峰小时预测客流量。

远期(2038年)车站早高峰小时预测客流量(单位:人/h) 表4-1

站名	下行		断面客流	上行		断面客流	超高峰系数
	上车	下车		上车	下车		
郑州大学站	3 338	2 484	31 979	2 160	3 543	22 999	1.3

远期进站设计客流量:(3 338 + 2 160) × 1.3 = 7 148(人/h)
远期出站设计客流量:(2 484 + 3 543) × 1.3 = 7 836(人/h)
远期设计客流量:7 148 + 7 836 = 14 984(人/h)

根据城市总体规划与线网规划,在中原东路与新华南路交叉路口设站是合理的,根据1号线运营的要求,该车站为地下两层标准车站。

二、总平面设计

车站站位确定之后,根据车站所处的站址环境,规划部门结合车站布置的要求,以及全线已经选定的车站类型,合理确定车站主体、风亭及出入口的位置,从而确定车站的总平面图。

车站总平面图设计受很多因素的影响,很复杂。在车站建筑设计中,最难、最关键的步骤是针对不同的控制因素,进行多方案的经济技术分析,然后确定最佳设计方案。

根据客流计算结果,车站采用10m岛式双层车站形式。车站共设置4个出入口通道,分设在交叉路口的四个象限,能够便捷地吸纳各方向的客流。设置两组风亭,为了减少风亭对周边环境的影响,设置为低矮风亭,结合防洪的要求高出地面约1m。1号(a)出入口及残疾人电梯设置在绿城广场东北角绿地内,1号(b)出入口设置在绿城宾馆停车场空地内,两个出入口形成过街功能;2号出入口预留设计,减少房屋拆迁,远期与临街改造建筑结合;3号出入口设置在郑州电信公司门口东侧;4号出入口需要拆迁一栋机械研究所住宅楼,设置在规划路边。总平面布置示意见图4-1。

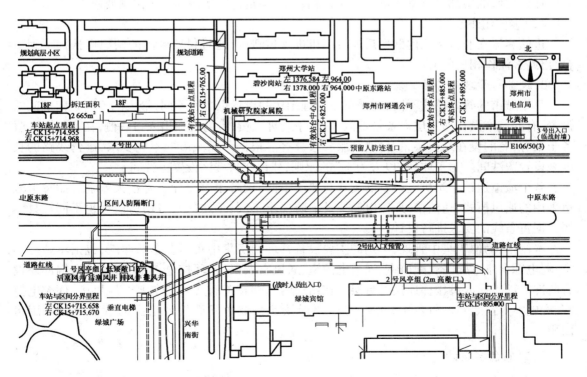

图4-1 郑州市轨道交通1号线郑州大学站平面布置示意图

三、分层平面设计及竖向设计

(一)站厅层设计

车站站厅层由站厅公共区、设备和管理用房区、出入口通道、风道等组成。

地下一层为站厅层,中部为公共区,两端为设备管理用房区。主要的设备管理用房集中布置在西端。站厅层布置图详见图4-2。

1. 站厅公共区

站厅公共区的作用是将进入车站站厅的乘客迅速、安全、便捷地引导到站台乘车,或将出站乘客引导出站,是乘客上下车的过渡空间,乘客在此办理上下车的手续。

公共区划分为付费区与非付费区,在交界处设置了进出闸机、问讯及补票,进出站闸机及疏散门的通过能力均需满足乘客进出站及紧急疏散的要求;付费区内设有上行扶梯和步梯连接站台。在站厅中部还设有垂直电梯连接站台,供肢体残疾者使用。公共区两端为非付费区,由一条4m宽的通道连接。

2. 车站集散厅布置及客流流线

(1)集散厅建筑布置

站厅层中部为乘客集散厅,有四个出入口通道与集散厅的非付费区相连接。集散厅分为付费区与非付费区,在两个非付费区之间设有4.0m的联络通道。闸机布置原则是,集中进站,分散出站。在非付费区进站一侧设有自动售票机和人工售票机,进站客流购票简捷、方便。

在付费区的中部设有垂直电梯与站台相联系,满足行动不便的人进出站要求。

(2)客流组织

进站客流在非付费区内购票后通过闸机进入付费区,通过付费区内的两组楼扶梯下到站台,出站客流作相反的流动。

3. 设备与管理用房区

每个城市的管理模式不同,地铁车站管理用房的设置也有所不同,最大的不同是盥洗间的设置,有的城市设在站厅层设备管理区,服务于管理人员;有的设在出入口一侧,在非付费区服务于乘客;有的设在站台层,在付费区服务于乘客。根据不同城市的不同要求,运营线路的长度来设置盥洗间。为了体现"以人为本"的原则,建议在付费区设置盥洗间。

各个城市地铁车站机电设备的制式与要求不同,设备用房设计也有很大差别。如每个城市采用的通风模式、通信信号、供电制式及消防要求不同,车站的设备用房设计也不同。具体要根据每条线的要求进行设计。

本例中,为便于集中管理,车站的主要设备管理用房集中布置在车站西端,包括车站控制室、弱电综合室、站长室、配电室、通信电源室、通风空调机房、环控电控室等,另外该端部还设有两部内部工作人员楼梯连接站台层。在站厅的东端布置有必须的空调通风机房、环控电控室、配电室等。表4-2和表4-3是参考广州地铁5号线中间站设计给出的管理及设备用房面积。

(二)站台层设计

站台是供乘客上下车及候车的场所,站台层由站台、楼梯及自动扶梯、设备、设备管理用房、行车道等组成,若车站采用一层还包括出入口通道及风道。

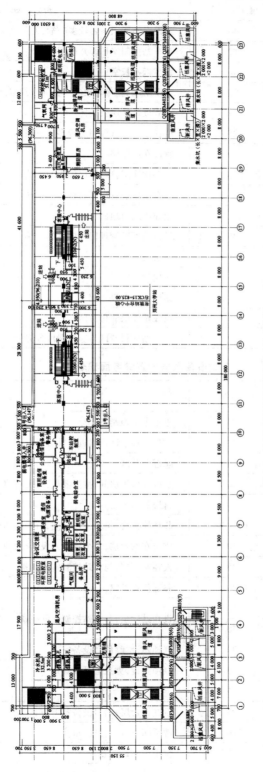

图4-2 站厅层平面布置示意图（尺寸单位：mm）

车站管理用房设置参考面积表 表 4-2

房间名称	面积(m^2)	备注
车站控制室	40	宜设在站厅层乘客较多一端,无关管线不得穿越
站长室	12	与车站控制室相邻并设门连通
站务室	8	宜靠近站长室
警务室	25	宜设在站厅层乘客较多一端,临车控室,对公共区、设备区各设一道门
安全办公室	15	宜靠近站厅层公共区
会议室	25	设在站厅层管理用房较多的一端
车站备品库	20	宜设在站厅层
更衣室	2×12	设在站厅层管理用房较多的一端
工作人员卫生间	2×12	设在站厅层管理用房较多的一端
公共卫生间	20~30	设在出入口地面
茶水、盥洗室	9	设在站厅层管理用房较多的一端
保洁工具间	9	每层设一间
保洁间	5	每层设一间
广告设备室	15~20	站厅或站台设一间
银行	25	设在站厅层非付费区
票务处	2×6	设在站厅付费区与非付费区分界处,每端设一间

车站设备用房设置参考面积表 表 4-3

房间名称		面积(m^2)	备注
主控设备室		25	靠近车站控制室
AFC 票务管理室		20	靠近售检票区或靠近公共区
AFC 维修室		15	靠近公共区
气瓶室		20	靠近被保护房间,按需要设,无关管线不得穿越
照明配电室		10	每层每端各设一间
环控电控室(含监控设备)		60~70	临环控机房,每端各设一间,有门直通机房
蓄电池室		20	宜设在站台层,每个地下站设两个,地面站可设一个
通信设备室		35	设在站厅层,与车站控制室同一端
通信电源设备室		20	临通信设备室
信号设备室	联锁站	60	设在站厅层,与车站控制室同一端
	无联锁站	30	
信号电源室		20	联锁站设,临信号设备室
信号值班室		15	联锁站设,靠近信号设备室
民用通信设备室		45	—
屏蔽门设备及控制室		25	设在站台层,信号设备室下方
污水泵房		10	洗手间下方、内设污水池
废水泵房		12	位于车站最低点
消防泵房		20~25	高架站设,内设 $73m^3$ 水池

续上表

房间名称	面积(m²)	备注
电缆井	5	按需要定个数
环控机房(非集中供冷站)	1 000	为一般情况下规模,不含风道、风亭、冷却塔面积。若有制冷水系统,宜集中设在临近变电所一端的环控机房内
环控机房(集中供冷站)	800	
工务用房	12	设在有岔站站台层
车辆紧急抢修用房	20	设于站台层
整流变压器室	2×31	尽量设在站台层
1 500V 直流开关柜室	57	尽量设在站台层
电动隔离开关柜室	38	尽量设在站台层
制动控制柜室	32	尽量设在站台层
制动电阻柜室	32	地面
33kV 高压开关柜室	57	尽量设在站台层
0.4kV 低压开关柜室	145	尽量设在站台层
控制室	210	站台层
检修兼储藏室	15	尽量设在站台层

地下车站站台层一般设有废水泵房、污水泵房、洗手间、配电间、气瓶间、降压(混合)变电所、屏蔽门控制室等。为了减小车站规模,尽量将站台层的设备及管理用房降到最低程度。

本例中,地下二层为站台层,有效站台宽10m,公共区中部通过两组扶梯和一部电梯与站厅层付费区联系。站台西端设置降压变电所、气瓶室、屏蔽门设备及控制室、检修室、废水泵房等设备管理用房,东端设置配电室、电缆井等。图4-3所示为站台层平面布置示意图。

1. 站内楼扶梯计算

该车站远期设计客流量为14 984人/h。

站台与站厅采用两组楼扶梯相联系,两组均为1部上行的自动扶梯加1部1.8m宽的混行楼梯。

楼扶梯运送能力的总量:2×9 600 + 3 200×3.6 = 30 720(人/h),大于总的设计客流量,满足进出站客流的要求。

2. 站台宽度的计算

车站站台宽度计算(岛式站台)

侧站台宽度:

$$b = Q_{上} \cdot \rho/L + b_a \tag{4-1}$$

或

$$b = Q_{上,下} \cdot \rho/L + M \tag{4-2}$$

式中:$Q_{上}$——远期每列车高峰小时控制侧上车设计客流量,换乘车站应含换乘客流量;

$Q_{上,下}$——远期每列车高峰小时控制侧上、下车设计客流量,换乘车站应含换乘客流量;

ρ——站台上人流密度(0.33~0.75m²/人),取 0.5m²/人;

L——站台有效长度118(m),屏蔽门内侧净距113m;

M——站台边缘至屏蔽门立柱内侧的距离(m),无屏蔽门时,$M=0$;

b_a——站台安全防护宽度0.4m;

b——侧站台最小计算宽度,岛式 $b \geq 2.5$m,侧式 $b \geq 3.5$m。

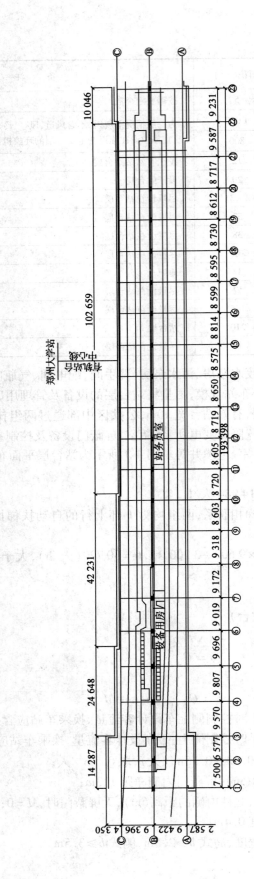

图4-3 站台层平面布置示意图(尺寸单位:mm)

本例中：
$$b = 7\,148/30 \times 0.5/113 + 0.40 = 1.37\text{m}$$
或
$$b = (7\,148 + 7\,836)/30 \times 0.5/113 + 0.30 = 2.5\text{m}$$
取侧站台宽度2.5m。

有效站台宽度计算：
$$B = 2 \cdot b + 柱宽 + 控制断面楼、扶梯宽$$

车站横向为两跨，柱直径1.0m。
楼梯宽1.8m，扶梯宽2.0m。
站台计算宽度：
$$B = 2 \times 2.5 + 1.0 + 2.0 + 1.8 = 9.8\text{m}$$

结合业主相关要求，车站站台采用10m宽岛式站台。

(三) 车站的竖向设计

车站的竖向设计内容主要包括：
(1) 根据地下管线及构筑物的情况，确定车站的埋深。
(2) 根据车站行车限界及管线的要求，确定车站站台层的高度。
(3) 根据管线和建筑装修的要求确定车站站厅层的高度，最终确定车站的轨面埋深。

影响地铁车站埋深的因素众多，主要包括周围地下管线埋深、周围建（构）物情况、车站抗浮性能、换乘需要以及工程造价等。综合考虑本车站的特点，最终确定车站埋深为3.5m。

根据地铁车站的相关设计标准及本工程的特点，确定站厅层净高为4 750mm，站台层净高4 400mm，站台层至轨面高度为1 050mm，轨顶面至结构底板560mm，站台边缘至线路中心线1 500mm，线路中心线到侧墙净距为2 000mm。图4-4 所示为车站竖向布置图。

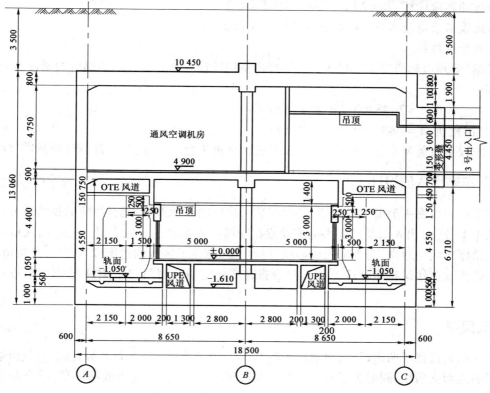

图4-4 车站竖向布置图（尺寸单位：mm）

(四)车站设备布置及数量

1. 自动扶梯

车站远期进站设计客流:7 148(人/h)。

车站远期出站设计客流:7 836(人/h)。

车站远期设计客流:14 984(人/h)。

自动扶梯的通过能力:9 600(人/h)。

双向混行步梯的通过能力:3 200(人/h)。

站厅与站台处楼梯通过能力:$3.6 \times 3 200 = 11 520 > 7 148$(人/h)

站厅与站台处扶梯通过能力:$9 600 \times 2 = 19 200 > 7 836$(人/h)

根据以上计算,站内楼、扶梯的通过能力满足要求。

2. 垂直电梯

进站残疾人从1号(a)出入口的垂直电梯进入到车站站厅层,再乘坐由站厅到站台的垂直电梯到达站台层,出站客流反向流动。

3. 自动售票机

根据《郑州市轨道交通1号线一期工程初步设计技术要求》,自动售票机的售票速度为5人/(min·台)。近期持单程票客流约占进站设计客流的40%,其余60%使用储值票;远期持单程票客流约占进站设计客流的20%,其余80%使用储值票。

自动售票机数量。

按近期客流计算:$n_1 = 4 927 \times 40\% / 60 / 5 = 6.6$(台)

按远期客流计算:$n_2 = 7 148 \times 20\% / 60 / 5 = 4.8$(台)

考虑设备余量及本站实际情况后,取 $n = 8$ 台。

4. 自动检票机

根据《郑州市轨道交通1号线一期工程初步设计技术要求》,自动检票机的通过能力为25人/(min·台)。

(1)进闸机:$n = 7 148/60/25 = 4.8$(台)

(2)出闸机:$n = 7 836/60/25 = 5.2$(台)

考虑设备余量及本站实际情况后,设置进站闸机7台、出站闸机8台、双向闸机3台。

四、车站出入口设计

本车站共设置4个出入口通道,分设在交叉路口的四个象限,能够便捷的吸纳各方向的客流。其中1号(a)出入口及残疾人电梯设置在绿城广场东北角绿地内,1号(b)出入口设置在绿城宾馆停车场空地内,两个出入口形成过街功能,方便了客流的过街;2号出入口预留设计,远期与临街改造建筑相结合;3号出入口设置在郑州电信公司门口东侧;4号出入口设置在规划路边。

五、风亭

本车站共设置了两组风亭,分别位于车站东、西两端的南侧,两处地势开阔、空气流通性好且不影响地面交通线,同时为了减少风亭对周边环境的影响,设置为低矮风亭,结合防洪的要求高出地面约1m。

六、无障碍设计

本车站各出入口通道内设置的盲人导向带均与市政道路的盲人导向系统连接,本站在1号(a)出入口设有一部供肢体残疾人使用的垂直电梯,连接地面与站厅层,在站厅检票口设置供残疾人通行的900mm宽通道,中部付费区设有一部垂直电梯,可直达站台层;在盲人涉足之地按无障碍设计规范设盲人导向带,方便盲人乘车;在公共厕所内均设有残疾人蹲位、小便器、洗手池等。

七、防灾设计

(一)建筑防火设计

1. 建筑物的耐火等级

车站的主体建筑、出入口通道、风道、出入口地面亭、风亭等的耐火等级均为一级。

2. 防火分区

车站共划分为3个防火分区,站厅两端设备及管理用房区各为一个防火分区(西端为1 106m^2;东端为290m^2),东端为无人值班区,西端为有人值班区,该防火分区设有一条直通地面的安全出口;站厅层公共区与站台层共同划分一个防火分区。除公共区外,每个防火分区面积均小于1 500m^2。每个防火分区之间采用耐火极限为4h的防火墙和甲级防火门分隔,防火墙上的门窗均采用甲级防火门窗,门开启方向为疏散方向。室内所有墙、地及顶面的装修材料,以及广告灯箱、座椅、电话亭和售、检票亭等所用材料,应采用不燃材料,同时,装修材料不得采用石棉、玻璃纤维制品及塑料类制品;电缆或管道穿越防火分区墙、防火墙、楼板时,待管线敷设完毕后用防火材料封堵严密。

3. 防烟分区

按防烟分区不跨越防火分区,每个防烟分区面积不大于750m^{2}的原则进行划分。在站台公共楼梯口设挡烟垂壁。

4. 紧急疏散

车站楼扶梯、检票口、出入口通道的通过能力均应按超高峰小时客流预测计算确定,并满足在高峰小时发生事故灾害时的紧急疏散要求,能在6min的目标时间内,将一列进站列车所载的乘客(按远期高峰小时段的进站客流断面流量计)及站台上候车人员全部撤离站台。本站楼扶梯及各部位的通过能力均满足要求。

(二)防洪(防淹)设计

车站的防洪设计按照郑州市百年一遇洪水频率标准设防要求设计。车站地面出入口、地面电梯亭的防淹平台面高于附近地坪面450mm,风亭口下檐高于设防要求高于附近地坪面1 000mm,同时在出入口设置了防淹闸板。

(三)人防设计

按人防划分单元,在车站西端设置了区间人防隔断门,同时在出入口、新风道、排风道、活塞风道内均设置有人防门在战时封堵。车站共设置了两个战时人员出入口,出入口总宽度为11m,满足人防要求。

第五章　高架车站建筑设计

第一节　设计内容与原则

一、设计内容

高架车站建筑设计的内容也包括总平面设计、分层平面设计和竖向设计、车站出入口设计、无障碍设施设计等内容。

与地下车站建筑设计内容的主要区别在于：
(1) 没有风亭设计。
(2) 防灾设计比较简单。
(3) 车站的布置形式及景观造型设计比较重要。
(4) 增加了雨棚等设计内容。

二、设计原则

(1) 车站建筑设计首先满足使用要求，保证乘客能够安全、迅速地进出车站，为乘客创造舒适的乘车环境。满足各设备系统技术要求，建筑形式须满足车站功能。

(2) 车站设计首先应符合《地铁设计规范》，同时应执行国家现行有关规范、规定：《建筑抗震设计规范》、《建筑设计防火规范》、《城市道路和建筑无障碍设计规范》《公共建筑节能设计标准》、《城市区域环境噪声标准》。

(3) 因地制宜选择车站站型和站位。城市规划和交通规划是确定车站站位和出入口位置的主要依据，车站站位的选择应符合城市规划和交通规划，同时还应满足环境保护和城市景观的要求，妥善处理好与地面建筑、地下管线、地下构筑物的关系，尽量减少房屋拆迁、管线迁移，并应考虑施工时对相邻建筑物、城市交通及市民生活的影响。

(4) 车站规模应根据车站设计客流量、车站设备与管理用房需要以及紧急疏散需要进行控制，在满足上述要求的情况下应尽量压缩规模，以节约投资和运营费用。枢纽站和换乘站的规模应根据换乘客流计算确定。

(5) 车站的站厅、站台的规模以及出入口通道、人行楼梯、自动扶梯、售、检票口（机）等部位的通过能力应按该站远期设计流量确定。远期设计客流量为该站预测远期高峰小时客流量（或客流控制时期的高峰小时客流量）乘以 1.1~1.3 超高峰系数。

(6) 车站整体造型应轻巧、通透、简洁，与周边环境景观相协调。同时体现现代轨道交通高架车站建筑的特点。

(7) 屋面雨棚结构体系应尽量标准化、模块化设计，便于制作和安装。雨棚内部应综合考虑站台层照明灯具、导向标志、乘客信息系统、广播、监控等设施的安装需要及管线敷设需要，屋面体系（雨棚）应有适宜的空间尺度，具有较好的室内外视觉感，满足遮风挡雨的要求，还应充分考虑屋面排水系统，宜采用有组织排水。高架车站站台屋面体系（雨棚）应与车站外立面有机结合，统一协调。

（8）车站站台应综合考虑站台外侧安全护栏、残疾人电梯、空调候车室等要素，形成通风良好、通透明亮、舒适安全的乘降环境。

（9）应考虑经济性，易于施工，便于运营维护。建筑材料应选择环保、防火、耐久、耐污、自洁性好、经济性佳的材料，并尽可能兼顾吸声和降噪要求。

（10）车站应具有无障碍通行能力。车站无障碍实施范围：出入口、通道、楼梯、电梯、公共洗手间、检票口等。从地面到站厅应设一部供残疾人使用的电梯；从站厅到站台，岛式站台应设一部供残疾人使用的电梯，侧式站台每侧应设一部供残疾人使用的电梯。换乘站应根据具体情况设置供残疾人使用的电梯。在公共洗手间应设残疾人专用厕位。出入口、通道、楼梯、站厅及站台应设盲人诱导线。除以上具体要求外，车站各部位设计应符合无障碍设计规范要求。

（11）在规划许可的前提下，具备开发条件的车站应结合地铁车站建设，合理规划、精心设计，最大限度地开发利用土地，创造可经营资源，为轨道交通建设可持续发展创造条件。

第二节　高架车站建筑设计的特点

一、高架站的组成

高架车站一般由出入口天桥、车站主体及设备管理用房组成。

出入口是乘客进入车站的通道，通常由天桥、楼扶梯和电梯组成。

车站主体由站厅和站台组成。站厅分为付费区和非付费区，非付费区与付费区之间由栏杆分开（栏杆设疏散门），并设进出站检票口和监票、补票亭。站台由乘客乘降车的集散场所和轨行区以及站台雨棚组成。图 5-1 为高架站组成示意图。

设备管理用房可以在车站主体之外独立设置，也可以设在车站主体之内，其组成见表5-1。

车站设备管理用房表　　　　　　　　　　表 5-1

类别	房间名称		备注	参考面积（m²）
强电设备	降压变电所		宜设在站台层	280
	牵引降压混合变电所		宜设在站台层	400
	照明配电室		每层每端各设一个（高架站2×12）	12×4
	跟随变电所		根据车站负荷情况设置	130
弱电设备	车站控制室		其中，控制室30，机房20，设里外套间，用轻质隔断隔开	50
	通信设备室		靠近综合控制室	45
	信号设备室	联锁站	靠近车站控制室	65
		非联锁站	靠近车站控制室	40
	弱电间		与通信或信号设备室相邻，靠车站轨行区外墙设置（高架站按照具体情况设置）	10
	配线间		设在设备管理用房较少的一端（与弱电间相对的另一端），高架站按具体情况设置	6
	外部通信机房		与通信设备室相邻或相近布置	45
	公安通信室/公安值班室		与通信设备室相邻或相近布置，设里外套间	20/15
	AFC设备室		靠近票务室	20

续上表

类别	房间名称	备注	参考面积(m^2)
水	消防水池	按计算确定	—
	消防泵房	靠近出入口（根据站点具体情况设置）	20
管理用房	站长室	靠近车站控制室	—
	会议、休息	设在管理用房集中处	25
	站务室	设在管理用房集中处	20×3
	票务室	靠近站长室	15×6
	警务室	靠近公共区	12
	男/女更衣室	向站厅公共区开口	10/10
	男/女公共厕所	靠近公共区	18/18
	车站用品库	—	15
	清扫工具室	设在公共区楼梯下，或靠近公共区	—
	票务室	设在付费区与非付费区分界线上	—

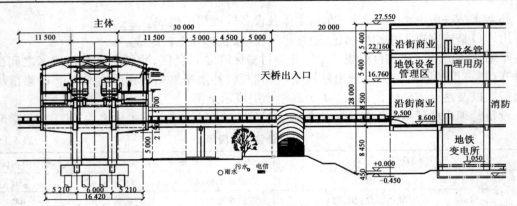

图 5-1　高架站组成示意图（尺寸单位：mm，高程单位：m）

二、高架站建筑设计的特点

高架站建筑设计中需要重点研究三个问题：
(1) 车站布置形式。
(2) 雨棚结构。
(3) 景观造型。

(一) 车站布置形式

车站布置形式与站台布置形式、车站结构及出入口分布等因素有关。

站台布置形式一般有岛式站台和侧式站台两种。采用侧式站台可以避免线路在站端出现喇叭口，有利于节省建设用地，我国多采用这类站台形式。但是，也有一些专家主张高架站采用岛式站台形式。表 5-2 所示为两种形式的对比。

通过以上的综合比较,从站台利用率、设备及设施规模、乘客使用功能和车站运营管理等方面考虑,岛式站台具有明显优势。在施工难度、综合造价、对环境的影响等因素方面,侧式站台相对优势较明显。在高架车站的站台形式选择上应按照实际情况因地制宜。

岛式站台与侧式站台的车站比较表 表5-2

类 别	岛式站台形式方案	侧式站台形式方案
站台利用率	东延线潮汐客流明显,高峰时段站台利用率高	早晚高峰时段单边站台空置,高峰时段站台利用率低
乘客使用功能	站台集中设置,可以避免乘客走错站台,乘客使用方便	站台分散设置,乘客易走错站台,使用不便
设备、设施规模	导向标识,电、扶梯,照明等设备可集中设置。设备数量少,扶梯只需两部,电梯只需一部,建设和运营成本低	设备数量多,尤其是电、扶梯数量多,扶梯需四部,电梯需两部,建设及运营成本大大增加
运营管理	站台集中设置,易于管理	站台分离设置,不利于管理
建筑景观	只在站台上方采用雨棚,车站体量相对较小	站台位于两侧,做雨棚后车站体量相对较大
对区间结构的影响	与车站相接的区间结构断面需加宽,形成喇叭口,结构形式略为复杂	与车站相接的区间结构断面形式不用改变,结构形式单一
对周边地块的影响	增加前后区间喇叭口段的土建工程量,对前后区间地块影响较大	两线并拢,对地块影响小

(二)站台雨棚设计

站台雨棚是高架站的重要组成部分,设计接口多,功能和景观要求高,是高架站设计的重点。

完善功能,注重候车环境:完整分析站台雨棚功能,对遮挡风雨、通风、遮阳、采光、照明、排水以及管线综合、接触网悬挂做全盘统一的考虑。同时室内绿化配置、旅客资讯、座椅安排、导向标识系统设计使车站具有良好的使用环境。

突出交通建筑的特点,形式服从功能,形式表现功能。反映都市的现代快速交通系统形象,营造独具特色的景观氛围。

在满足功能的前提下,站台雨棚结构体系尽量通透、轻盈,考虑标准化模块化设计,便于结构构件的统一制作安装。

站台雨棚结构布置应综合考虑照明灯具、导向标志以及乘客信息服务系统的安装及管线的敷设,避免站上部空间的烦琐感。

站台雨棚应有适宜的空间尺度,在不侵入建筑限界、满足遮风挡雨以及接触网安装的前提下,确定合适的雨棚尺度,综合考虑站台外侧护栏、空调候车室等的布置,形成通风良好、通透明亮、舒适安全的乘降环境。

处理好站台雨棚、安全护栏与站台板、区间高架桥结构之间的关系,并兼顾结合声屏障布置,减小整个车站体量。

(三)景观造型设计

高架站处于城市重要位置,社会关注度高,景观形象要求高。

(1)注重整体城市空间环境的和谐:车站功能性很强,处于道路中央的显要位置,造型不宜太突出夸张,不宜引起视觉焦点。对景观设计的认识应全面深刻,对视觉效果的认识不应仅仅停留在效果图上,而是要更加注重整体空间环境效果,重视与城市环境之间的和谐。

(2)减法原则:不应增加过多的装饰,消减体量、弱化视觉焦点。

(3)注重细部:造型简洁,用材典雅、细部精致。用精致的选材及细部来体现内涵。

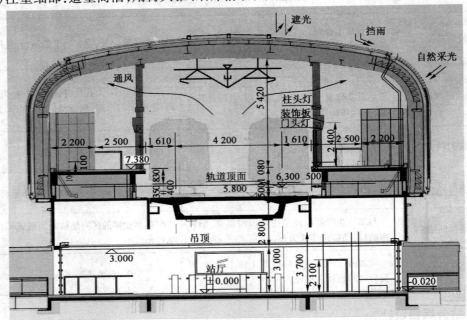

图 5-2 高架站雨棚示意图(尺寸单位:mm)

第三节 案例分析

一、上跨铁路线的车站——中华门站

(一)车站站位周边环境与外部条件

中华门站是南京地铁1号线的高架车站,它所处的周边环境比较复杂,用地环境条件对车站限制比较死。根据地铁线网规划的1号线走向和规划预留地铁走廊,中华门站必须设在中山南路公路桥左右桥之间。

车站南北横跨宁芜铁路线,东西两侧夹在既有的公路高架桥之间。车站的站台层横跨宁芜铁路线,站厅分为南北两个,分别位于铁路两侧。南站厅南临规划的五贵里路,西面是铁路货场。北站厅北临应天大街,正对中山南路,处于丁字路口。

(二)车站形式和规模

1. 车站形式

该站为岛式站台高架车站,站台宽11.6m。车站夹在中山南路公路桥之间,此公路桥车流密集,从噪声、污染及心理方面对车站旅客影响较大,而且车站横跨宁芜铁路,铁路运输带来的噪声、污染比较大,考虑这些负面因素对旅客舒适度、安全性的影响,选择岛式站台。由于车站横跨宁芜铁路,南北两端站厅不贯通,岛式站台乘客中途改变乘车方向比较简单,站台面积利用率高,还可调剂客流。

本车站范围内的线路由直线、圆曲线、缓和曲线组成,站台也随之变化。

2. 车站规模

中华门站为三层高架车站,南北两站厅均为二层钢筋混凝土框架结构,总建筑面积4 128.66m²,其中车站主体建筑面积3 539.88m²,降压变电所建筑面积为588.78m²。车站总长度为168.8m(最长处),车站总宽度为38m(最宽处)。图5-3 和图5-4 所示为中华门站纵横剖面示意图。

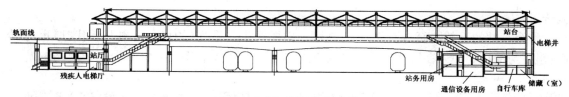

图5-3 中华门站纵剖面示意图

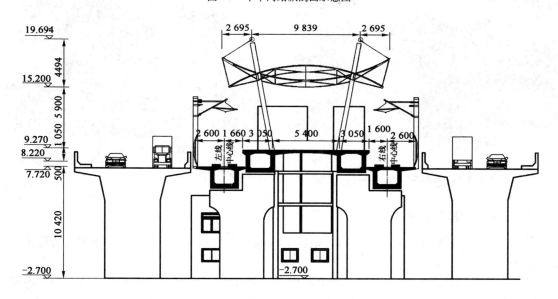

图5-4 中华门站横剖面示意图(尺寸单位:mm,高程单位:m)

(三)景观造型设计

由于既有公路高架桥位于车站东西两侧,车站站厅又被宁芜铁路分为南北两个站厅,因此本站造型变化不宜过多,应以功能实用为主,简洁大方,运用现代化材料和技术使之既赋有时代特色,又融合古都南京的传统建筑风格。图5-5 所示为中华门站鸟瞰效果图。

车站东西两侧受公路高架桥遮挡,因此临街的南北两侧就成为主立面,尤其是北立面处于丁字路口,正对中山南路,是立面设计的重点。南北两立面以大面积实墙为主,开小面积窗口,产生材质和色调的对比。外墙面均干挂铝板,相应位置镶挂"中华门站"站牌名。

站台雨棚采门式钢架架,覆以铝合金屋面板。造型舒展、明快,空间通透。造型轻盈向上,

图 5-5　中华门站鸟瞰效果图

宛若飞虹。

整个车站的下部墙面与上部轻巧、新颖的雨棚产生一系列的对比：古典与现代，厚重与飘逸，粗犷与精巧。使人在回味历史中体会现代文明。图 5-6 和图 5-7 所示为中华门站的站厅与站台。

图 5-6　中华门站站厅内

图 5-7　中华门站站台

二、路中侧式站台车站——马群站

（一）环境背景及组成

南京地铁 2 号线一期工程马群站为地铁 2 号线一期工程东端终点，坐落在宁杭公路上空，路中绿化带上。

车站主体及设备管理用房、变电所全部位于公路中间。一层大部分架空，局部为变电所。二层中部为站厅公共区，两侧为设备及管理用房，见图 5-8。三层为站台（侧式站台）。车站中部南北两侧各设有一组过街人行天桥和梯道，乘客通过过街人行天桥进出车站。

（二）规模及结构形式

车站总长 140m，宽 16.82m，车站总高：20.35m。总建筑面积：6 910m²。侧式站台，站台宽 4.7m，站台两侧各设有两部楼梯和一部上行扶梯。

车站主体结构形式为双柱式三层钢筋混凝土框架结构形式，中间设有两道伸缩缝，轨道梁为钢筋混凝土箱梁，简支于三层框架梁上。站台雨棚为轻钢框架结构。过街天桥为钢箱梁结构形式。图 5-9 和图 5-10 所示为马群站的纵横剖面图，图 5-11 为马群站效果图，图 5-12 为施工中的马群站。

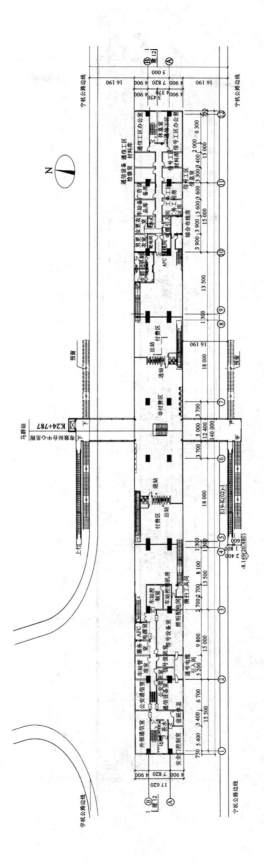

图 5-8 马群站二层平面示意图（尺寸单位：mm）

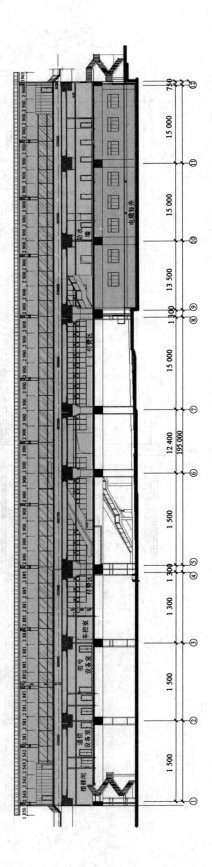

图 5-9 马群站纵剖面示意图（尺寸单位：mm）

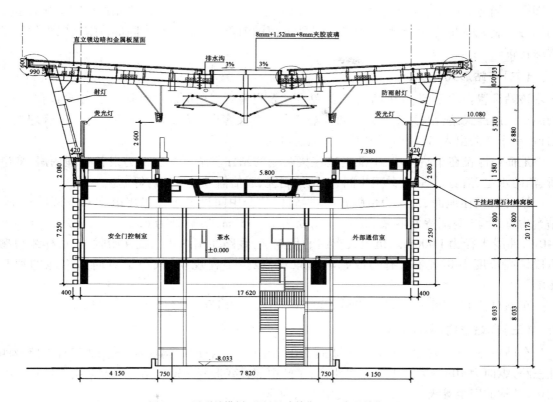

图 5-10 马群站横剖面图(尺寸单位:mm,高程单位:m)

图 5-11 马群站效果图

图 5-12 施工中的马群站

(三)立面造型设计

用自然质朴的材料塑造园林景观建筑形象,表达结构的质朴的有力度的美感。当人们穿越地下来到地上后感受到轻巧通透、清新自然的气息。该站形成从老城到新城的门户和过渡。

站台雨棚为轻钢框架结构,半敞开雨棚,站台雨棚屋面采用直立锁边铝镁锰合金板屋面系统和夹胶玻璃采光顶。墙面干挂超薄型石材蜂窝板、仿木纹铝方通,干挂防木纹铝方通贯通车站立面,加强立面的整体感、统一感。

三、路侧鱼腹岛式站台车站——仙鹤门站

(一)站位环境

仙鹤门是 2 号线东延线车站,该站沿仙林大道布置,设置在仙林大道北侧的 20m 绿化带

范围内。仙林大道不仅是一条重要的交通干道,还是一条景观带,道路规划红线宽100m,道路两侧各控制20m的绿化带,快车道在中间80m范围内布置。在道路中间部位蜿蜒曲折设置景观绿化带。

(二) 车站形式与规模

该站设置在路侧,设计为两层车站:站厅层及设备管理用房设在地面一层,站台设在二层,为高架二层岛式站台车站。车站东西两端各设一个乘客出入口,车站中部设有一个管理人员出口、一个消防出入口、两个变电所设备运输口。

地面站厅设在车站两端,中部走道连接两端的站厅。站厅层中部为设备管理用房:变电所、消防水池、消防泵房、公共卫生间、车站控制室、通信信号设备用房等。

站台层设在地面二层,为鱼腹式岛式站台,站台中间设置了无障碍电梯和空调候车室。站台中部最宽,两端逐渐收缩:站台最宽处为10.487m,最窄处为6.253m。有效站台长为140m,曲线半径为1 000m。鱼腹式车站的优点是:线路在车站两端就开始收缩,这样缩短喇叭段区间长度140多米。有力改善城市景观,减少工程规模,减小了对周边用地的切割影响。

车站总长141.25m,总宽15.950~20.207m,总高约17m,总建筑面积:5 312m²。

(三) 车站结构、装饰造型

车站主体结构为框架,桥式轨道梁简支在框架梁上。框架结构柱网,横向为三柱二跨及四柱三跨,纵向为10m×7+10m×7等距离;车站中部设变形缝一道。站台雨棚采用双柱钢框架结构,结构的安全等级为二级,设计使用年限为50年。

立面造型用大块面穿插交错的手法形成动势,整体似一艘正在前进的旗舰。站台雨棚采用直立锁边铝镁锰合金屋面系统,外幕墙采用点式玻璃幕墙(中空镀膜玻璃)、铝板幕墙。图5-13所示为仙鹤门站横剖面图,图5-14和图5-15所示为仙鹤门站鸟瞰图及效果图。

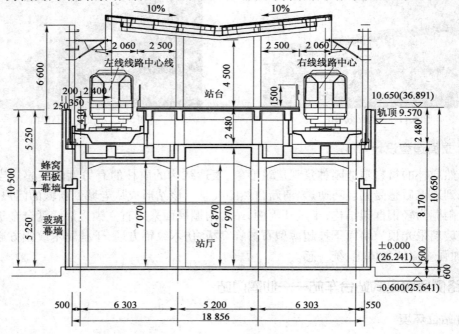

图5-13 仙鹤门站横剖面图(尺寸单位:mm,高程单位:m)

图5-14 仙鹤门站鸟瞰图

图5-15 仙鹤门站效果图

四、主体在路中,设备管理用房在路侧——城东路站

(一)站址环境

城东路站是南京地铁1号线南延线高架站,采用站桥合一的路中高架形式,车站主体位于天元东路路中绿化带上。车站设备管理用房均设置在天元东路道路以北的空地上,附属设备用房设于天元东路北侧地铁预留用地。主体与附属设备用房通过天桥进行连接。车站主体在路中,墩柱立在路中绿化带上。设备管理用房2~4层在路侧地块内,通过天桥连接道路两侧及设备管理用房。

(二)车站组成及规模

道路中心绿化带上空为车站主体,总宽为16.32m,总长为142m,站台外侧分别设有一部扶梯、两部楼梯,站台下挂站厅设有售检票设施。

道路北侧人行道外侧为设备管理及商业用房,为四层,乘客由一层扶梯上至三层,经天桥进入主体下夹层付费区,然后经扶梯上下站台。

在道路南侧、道路红线以外也布置了一组楼扶梯和一部楼梯,乘客和行人可从道路南侧经过楼扶梯上天桥进站或过街,车站三部分以天桥相连接。

车站总建筑面积:10 227m²,其中商业:4 665m²。主体建筑面积为3 300m²,站房建筑面积为6 280m²,天桥主入口建筑面积为303m²。城东路站平面图及纵横剖面图见图5-16~图5-18。

(三)站台雨棚设计

站台雨棚采用门式钢架结构体系:柱距为10m,跨度16.2m。

站台雨棚雨水汇入屋面两侧的不锈钢天沟内,雨水管贴钢架结构柱下行,沿Y形墩排入路中绿化带。桥面排水通过三通连至相近的雨水管排至路中绿化带。

车站立面采用大块面的处理手法整体干净利落,现代感极强。外立面采用镀膜玻璃百叶,与顶面虚实对比,显现光影的变换。该方案遮阳、挡雨、通风效果较好。图5-19所示为城东站效果图。

五、上盖开发车站——汪家村站

(一)地铁站点TOD开发模式

汪家村站是南京地铁2号线的首末站,其周边有上百万平米的经济适用房及商品房住宅区,该站服务的人群数量庞大。另外地铁周边众多的居民会产生巨大的商业需求,结合地铁及交通枢纽建设商业配套服务设施,是国内外轨道交通发展的一种先进模式——TOD模式,商业设施利用地铁及枢纽的便捷交通有效吸引及疏散人流,满足乘客多方面生活需求的同时,避免产生乘客的二次出行,极大地减轻了城市公共交通系统的负荷,对整个城市和谐健康发展意义重大。

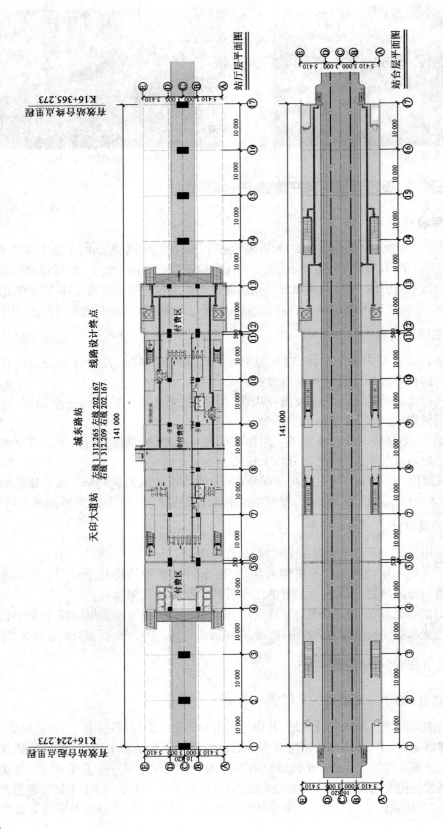

图 5-16 城东路站平面图（尺寸单位：mm）

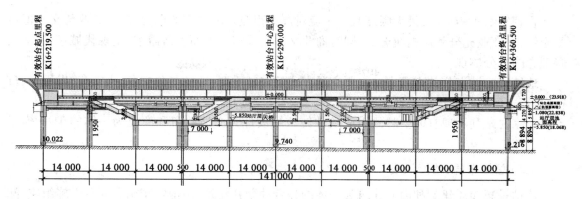

图 5-17　城东路站纵剖面图(尺寸单位:mm,高程单位:m)

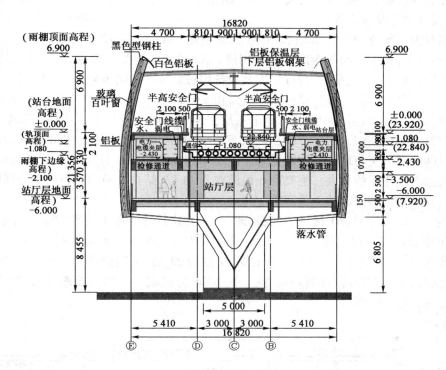

图 5-18　城东路站横剖面图(尺寸单位:mm,高程单位:m)

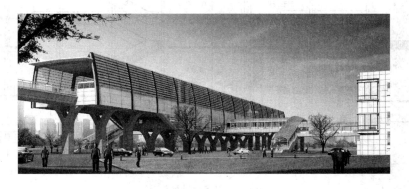

图 5-19　城东路站效果图

合理组织车辆进出,最大限度减小车流对周边市政道路的交通压力,配套商业与交通枢纽紧密结合,商业充分利用枢纽客流,同时商业又满足乘客多方面生活需求,是现代城市 TOD 发展理念的充分体现。

地铁作为城市公共交通中的主要交通方式越来越重要,地铁与公交车、小汽车、出租车、自行车、行人的安全便捷换乘使地铁站成为一个公共交通枢纽。

汪家村站利用现有的空旷的用地条件使该站设计为交通枢纽和商业为一体的 TOD 模式的综合体。

(二)总体布局、功能组成

该站是集交通建筑和商业建筑为一体的综合性公共建筑,由地铁车站和配套设施组成,配套包括商业服务设施、换乘大厅、公交首末站、出租车站及配套的地下汽车库、自行车库和设备用房、物业管理用房及库房等。

工程划分为三部分:A1 楼、A2 楼及地铁汪家村站。A1 楼及 A2 楼为地铁车站配套设施,A1 楼地上为餐饮,地下为小汽车库及设备用房。A2 楼地上为配套商业、公交首末站、出租车站及换乘大厅;地下为小汽车库、自行车库及设备用房。地铁车站为地面站,轨道位于地面,站台在地面层,站厅层在地上二层;车站总建筑面积 5 672m²。

A2 楼与地铁车站相邻,地上四层,地下一层。地下一层为自行车库及小汽车库。地面一层设置公交首末站(包含公交到发车位、周转车位、公交调度及司乘休息用房等),通过首层及二层换乘空间实现公交与地铁的便捷换乘。出租车到发泊位位于首层地铁车站北侧,方便地铁及商业人流与出租车的换乘。配套商业设施在 2~4 层,结合交通功能布局充分利用地铁及公交客流且满足乘客多方面的生活需求。

A1 楼紧邻 A2 楼布局,A1 楼地上四层,地下三层:建筑功能地上为餐饮服务设施,地下一层为小汽车库及设备用房。地下二、三层为人防为甲类六级二等人员掩蔽所,平时为小汽车库。二期开发为酒店式公寓,位于 A1 楼上部,层数为 23 层,一期设计为二期预留条件(包括结构荷载、交通核心筒及地下设备用房等)。图 5-20 为汪家村站横剖面图,图 5-21 和图 5-22 为汪家村站一二层平面图。

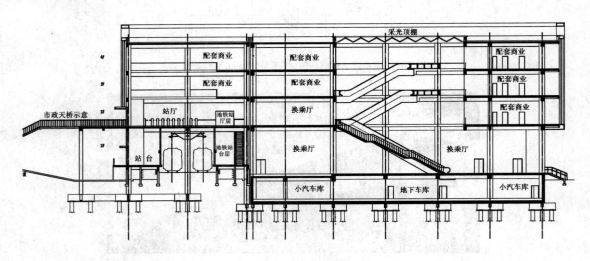

图 5-20 汪家村站横剖面图

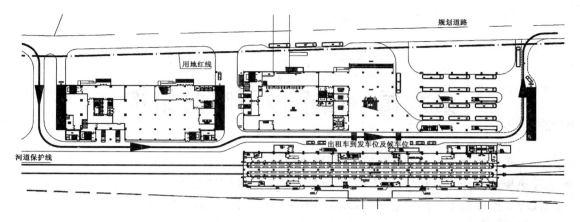

图 5-21 汪家村站一层平面示意图

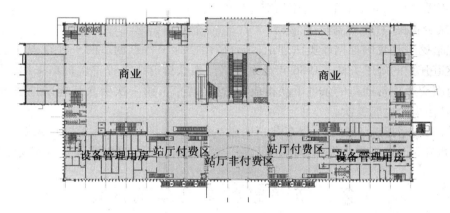

图 5-22 汪家村站 A2 楼二层平面示意图

(三)规模及结构形式

本工程总用地 14.92hm²,规划分一、二、三期建设,总建筑面积 159 900m²,其中一期工程 67 163m²,地上 48 421m²,地下 18 742m²。

地铁车站建筑面积 57622m²,共两层,站台在地面为侧式站台,站厅在地上二层。结构形式为混凝土框架结构。图 5-23 所示为汪家村站效果图。

图 5-23 汪家村站效果图

第六章　暗挖地下车站结构

地下车站通常在城市中心区段修建,周边的环境非常复杂,各种地下管线、地下结构物和地上建筑物众多,同时地面交通繁忙,在这种无法采用明挖法及盖挖法施工的情况下,一般会采用浅埋暗挖法施工。同明挖法及盖挖法相比,浅埋暗挖法具有以下优点:
(1)不受气候的影响,不干扰交通,不影响城市景观。
(2)不需要房屋拆迁、管线改移和交通导改。
(3)减少扰民,社会效益显著。

浅埋暗挖法是我国根据新奥法理论,结合矿山法施工特点创造的一种在埋深较浅的地层中实施隧道开挖的施工方法。1986年北京复兴门地铁折返线工程首次提出采用浅埋暗挖法,在保证地面交通正常通行的条件下获得成功,这是北京市第一次引入浅埋暗挖法修建的地铁工程,当时在全国也属首次。

此后,浅埋暗挖施工技术不仅在北京的复八线区间(复兴门—八王坟)、天安门西站、王府井站、东单站等地铁工程中得到应用,而且在广州、深圳、沈阳、哈尔滨等城市也开始推广应用。

第一节　暗挖车站结构设计

暗挖车站结构设计主要内容包括:结构选型、荷载计算、衬砌结构设计、防水设计及人防工程设计等内容。

一、暗挖车站结构静力和动力工作特性

地铁结构埋设于地层中,四周都受到地层的约束,地层不仅对结构施加荷载同时又帮助结构承受荷载,减小结构的内力。这种结构与地层共同作用机理与地面结构完全不同。理论研究及工程实践证明,这种共同作用的效果主要取决于地层条件以及结构与地层的相对刚度,在稳固的地层中,结构刚度比地层刚度小,则地层对结构变形的约束作用大,而产生的地层压力则小。反之,在松软不稳定地层中,结构的刚度比地层刚度大,地层约束力小,甚至可以忽略不计,地层压力则很大。

结构与地层共同作用的现象,在地震、爆炸等动载作用时也同样存在,只是变得更加突出,而且随着埋深增加,影响愈大。因此,进行地铁结构的静、动力计算时,必须考虑结构与地层的共同作用,才能得到比较符合实际的结果。但是影响结构与地层共同作用的因素很多,而且变化很大,有些因素很难甚至无法搞清楚。加之,地下结构的受力特征在很大程度上还与暗挖车站的施工方法及施工步骤直接相关,这些问题的存在使得暗挖车站的计算结果,无论在精度上还是可靠度上都很难达到设计要求,难以作为确切的设计依据。因此,目前进行暗挖车站结构设计时,一般采用结构计算、经验类比和量测结果相结合的信息化设计方法。

二、结构设计计算模型

暗挖车站结构计算的目的主要分为两类:其一,对不同的开挖和支护方案进行比选,探讨所采用的开挖和支护措施对地层沉降的影响以及对周边环境的影响,从中选择对周边环境和地层沉降影响最小的施工方案;其二,对地铁结构内力进行计算,判断构件在不同的荷载作用下,其强度以及裂缝是否满足安全要求。

地铁车站结构为超静定结构,用于结构的设计模型随结构形式和施工方法而异。目前国内外采用的隧道结构计算模型基本上可归纳为四种类型:

(1)以工程类比为依据的经验法(Empirical Method)。

(2)以测试为依据的实用法,包括收敛—约束法(Convergence-Confinement Method)、现场和试验室的岩土力学试验、应力(应变)量测以及试验室模型试验。

(3)地层结构模型。这种模式将地层与地下结构共同构成承载体系,结构内力与地层重分布应力一起按连续介质力学方法计算,地层与地下结构的相互作用以变形协调条件来实现。

该模式的计算方法通常有数值解法和解析解法两类。数值解法是把地层视为弹塑性体或黏弹塑性体,并与地下结构一起采用有限元法或边界元法求解,这类解法可以直接算出地层与地下结构的应力和变形状态;解析解法往往具有多种功能,能考虑岩体中的节理裂隙、层面、地下水渗流、岩体膨胀性等影响,是目前理论计算法中的主要方法。

采用地层结构模型可以模拟地铁结构施工期间对周边环境的影响,并可以对不同的开挖支护方案进行比选。

(4)荷载结构模型。这是仿效地面结构的计算模式,将荷载作用在结构上,以一般结构力学的方法进行计算。该模式是基于经典的结构力学思想,把荷载与结构对立起来,对结构内力进行计算,结构被动地承受施工期间和使用期间的全部荷载,弹性抗力是结构与地层相互作用的依据。

采用荷载结构模型可以进行结构的强度计算、变形计算和裂缝宽度计算。

该模式的计算方法主要有数值解法和解析解法两种,随着计算机技术的发展,目前主要以数值解法为主,其中又以弹性地基梁法应用最为广泛。弹性地基梁法是基于共同变形理论,假定地基为弹性半无限体。弹性地基梁法按考虑土体抗力的不同可分为两种模型,一种是全周弹簧模型,另一种是局部弹簧模型。局部弹簧模型假定在拱顶90°范围内为脱离区,不产生土体抗力。弹性地基梁法计算图式见图6-1。

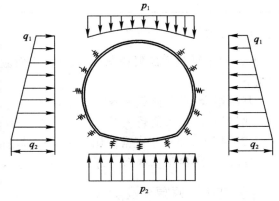

图6-1 弹性地基梁计算模型

荷载结构模型的概念清晰、计算过程明确,是目前最常用的,也是相关规范推荐的地铁结构内力计算模型。地层结构模型虽然在概念和理论上比荷载结构模型更合理、更灵活,但由于围岩应力释放和地层结构相互作用很难准确有效地模拟且计算过程相对复杂,目前常用作比选施工方案、分析开挖环境影响等工作的一种辅助工具。

三、作用在暗挖车站结构上的荷载

(一) 荷载种类

作用在地下结构上的荷载有永久荷载、可变荷载及偶然荷载三类,详见表6-1。

作用在暗挖车站结构上的荷载分类表　　　　　表6-1

荷载类型	荷载名称		荷载计算及取值
永久荷载	结构自重		按实际考虑
	地层压力	竖向压力	按计算截面以上全部土柱重力计算
		水平压力	主、被动土压力按朗金土压力公式计算,水土压力采用水土分算
	水压力及浮力		按最不利地下水位计算静水压力及全部浮力
	混凝土收缩及徐变影响力		混凝土收缩的影响按降低温度的方法计算 混凝土徐变的影响按提高温度的方法计算
	侧向地层抗力及地基反力		侧向地层抗力及地基反力按结构形式及其在荷载作用下的变形、结构与地层刚度、施工方法等情况及土层性质,根据所采用的结构计算简图和计算方法加以确定
可变荷载	基本可变荷载	地面车辆荷载	地面车辆荷载按20kN/m² 的均布荷载计算并不计冲击力的影响
		地面车辆引起的侧向力	按20kN/m² 的均布荷载作用于地层上考虑
		地铁车辆荷载及其冲击力	地铁列车荷载按所采用的车辆轴重、排列和制动力计算,并按通过的重型设备车辆考虑
		人群荷载	按4kN/m² 的均布荷载作用于站厅、站台板上考虑
	施工荷载		施工机具、地面堆载、材料堆载按20kN/m² 考虑
偶然荷载	人防工程荷载		按当地人防工程等效静载
	地震作用		按当地地震设防烈度考虑

(二) 荷载组合

(1)对于承载力极限状态,应依据作用效应的基本组合或偶然组合进行设计,具体组合表示如下。

基本组合:永久荷载 + 基本可变荷载;

偶然组合:永久荷载 + 部分可变荷载 + 地震荷载(或人防荷载)。

(2)使用阶段对于正常使用极限状态采用荷载的标准组合,其组合如下。

标准组合:参照基本组合,但分项系数为1.0。

四、结构计算原则及步骤

(1)隧道结构采用以概率理论为基础的极限状态设计法,以可靠指标度量结构构件的可靠度,采用以分项系数的设计表达进行结构计算分析。

(2)结构构件应根据承载力极限状态及正常使用极限状态的要求,分别按下列规定进行计算和验算。

①承载力及稳定性:所有结构构件均应进行承载力(包括压曲失稳)计算;需考虑地震、人防、施工等特殊荷载的作用,进行结构构件承载力计算。

②变形:对使用上需控制变形值的结构构件,进行变形验算。

③抗裂及裂缝宽度:对使用上要求不出现裂缝的构件,进行混凝土拉应力验算;对使用上允许出现裂缝的构件,按荷载标准组合的影响求出最大裂缝宽度,进行裂缝宽度验算;地震力、人防等偶然荷载作用时,不验算结构的裂缝宽度。

(3)结构计算简化模型的确定,应根据结构的实际工作条件,并反映结构与周围地层的相互作用。

(4)隧道衬砌结构一般按平面受力进行分析。

(5)浅埋结构在地下水位以下,整体结构还要考虑水浮力,进行整体抗浮检算。

一般而言,暗挖区间隧道结构设计步骤如下。

(1)工程设计前,首先根据工程经验类比并结合现场工程地质环境,初步拟订结构支护预选方案。

(2)对预设计的结构支护参数按地层—结构模型或荷载—结构模型进行结构分析和计算。主要计算内容包括变形计算、强度和裂缝宽度验算,根据计算结果调整支护设计参数,使结构满足安全性和稳定性的要求,并保证开挖过程中的地面沉降满足设计要求。

(3)施工过程中的现场监控设计。施工过程中加强监控量测工作,根据实测的变形值分析结构的稳定性,如果出现异常,及时调整支护参数。

第二节 暗挖车站施工方法选择

用浅埋暗挖技术修建城市地铁车站,因对地面交通和周围环境的影响方面具有明显优势而备受推崇。常用的暗挖施工方法有中洞法、侧洞法和PBA法。

一、中洞法

中洞法施工就是先开挖中间部分(中洞),在中洞内施作梁、板、柱,以及二次衬砌,然后再施工两侧部分(侧洞),并逐渐将侧洞顶部荷载通过初期支护转移到梁、柱结构上。由于中洞的跨度较大,施工中一般采用CD法、CRD法或眼镜工法等进行施作。采用中洞法施工可以有效达到减跨的目的。中洞法施工工序复杂,但两侧洞对称施工,比较容易解决侧压力从中洞初期支护转移到梁、柱上时产生的不平衡侧压力的问题,施工引起的地面沉降较易控制。具体施工顺序见图6-2。

该工法适用在无水、地层相对较好时采用。但在中洞开挖时应及时施作初期支护,使开挖面尽早封闭,控制围岩变形,并加强对围岩和支护结构的监控量测,进行信息化施工管理。

二、侧洞法

侧洞法施工就是先开挖两侧部分(侧洞),在侧洞内施作梁、柱结构,然后再开挖中间部分(中洞),并逐渐将中洞顶部荷载通过侧洞初期支护转移到梁柱上,这种施工方法,在处理中洞顶部荷载转移时,相对于中洞法要困难一些,施工顺序见图6-3。顶纵梁、钢管柱及梁柱节点是车站结构承载和传力(尤其在施工期间)的关键部位。

侧洞法根据侧洞的施工方法可以分为两类,一类是典型的侧洞法:即侧洞采用CRD工法进行施工;第二类是早期的双侧壁导坑法,即侧洞采用眼镜工法施工。双侧壁导坑法在施作侧洞时自下而上分块开挖,多次对上层土体进行扰动,在控制地面沉降方面不如典型的侧洞法,但其废弃工程量略小。

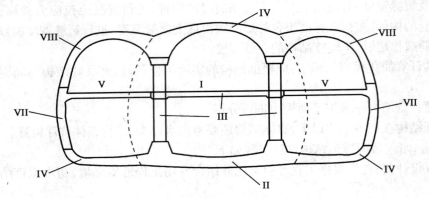

图 6-2 中洞法施工顺序图

I-用 CRD 法开挖中洞(包括初期支护和施工支护);II-中洞底板、底纵梁;III-钢管柱、楼板;IV-柱顶纵梁和中洞拱部;V-用台阶法开挖左、右洞;VI-左、右洞底板;VII-左、右洞部分边墙和楼板;VIII-左、右洞其余边墙和拱部

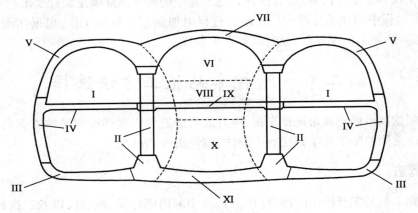

图 6-3 侧洞法施工顺序图

I-CRD 法开挖左、右洞包括初期支护和施工支护;II-柱底纵梁和钢管柱;III-左、右洞底板;IV-分边墙和左、右洞楼板;V-左、右洞其余边墙和拱部;VI-中洞上台阶环形开挖;VII-中洞拱部;VIII-中洞楼板以上土方开挖;IX-中洞楼板;X-中洞其余部分开挖;XI-中洞底板

该法必须同步推进两个较大跨度的侧洞,以免产生不均匀推力,对地层扰动范围较大。

三、PBA 法

"PBA"洞桩法是将明挖框架结构施工方法和暗挖法进行有机结合,先在车站的梁柱、梁墙节点部分暗挖小导洞,并在小导洞内施作边桩、中桩(柱)、顶纵梁、顶拱共同构成初期受力体系,承受施工过程的外部荷载;然后在顶拱和边桩保护下,采用顺作法或逆作法施工车站结构;最终形成由初期支护+二次衬砌组合而成的永久承载体系。其施工顺序如图 6-4 所示。

"PBA"工法施工车站的结构形式为直墙多层多跨拱形结构,采用复合衬砌支护形式。拱部初期支护为格栅+喷射混凝土结构,利用大管棚、超前小导管及注浆等辅助措施对前方土体进行预加固、支护,侧墙初期支护为灌注桩,随着基坑的开挖,桩间可设薄层网喷混凝土,以保证桩间土体的稳定;拱部、侧墙、底板二次衬砌及中楼板均为现浇钢筋混凝土结构,中楼板及底板可以为纵梁体系,亦可以采用纵横梁、井字梁体系,中柱多采用钢管柱形式。

边桩和中桩也可以采用钻孔桩法施工,并可取消下导坑,这对控制地表沉降有利,但施工

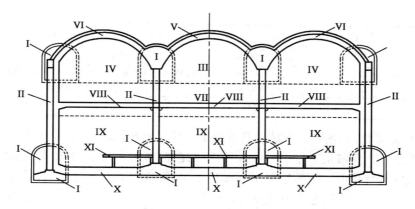

图 6-4　PBA 法施工顺序图

I-上下导坑错开距离开挖(包括初期支护);II-孔桩开挖、底纵桩、中柱边桩、顶纵梁;III-中洞上台阶开挖(包括初期支护);
IIII-左、右洞上台阶开挖(包括初期支护);V-中洞拱部衬砌;VI-侧洞拱部衬砌;VII-楼板以上土体开挖;VIII-楼板浇混凝土;
IX-剩余部分土体开挖;X-底板及底部边墙衬砌;XI-站台板浇筑

设备复杂,成本高,在有的地层中(例如漂石和直径较大的砂卵石地层)钻孔速度慢,如果地质条件好边桩可采用矩形挖孔桩底部扩桩的办法,取消边桩的下导坑和条形基础。

采用 PBA 法地表沉降值比侧洞法、中洞法小,其最大优点是按照施工顺序,可以再横向扩大施作更大跨度的结构。但是,该法需在两侧施作护壁桩,造价较高;在一个十分狭窄的小导洞内完成一系列的绑扎钢筋、立模、浇注、吊装等操作,作业环境较恶劣。

四、工法比较

上述三种工法的技术经济比较见表 6-2。

暗挖施工工法比较　　　　　表 6-2

项　目	中　洞　法	侧　洞　法	PBA 法
主要特点	1. 中洞先行,建立起梁、柱支撑体系,然后施作侧洞; 2. 分块多,多次扰动地层,但先建立起的梁柱体系对地面沉降起一定控制作用; 3. 造价较高	1. 两个侧洞先行,然后施作中洞; 2. 分块多,工序多,对地层扰动最大; 3. 废弃工程量较大,造价高	1. 利用小导洞施作桩梁形成主要传力结构,在暗挖拱盖保护下进行内坑开挖; 2. 导坑及拱盖施工,工序较少,地面沉降较小; 3. 废弃工程量大,造价稍高
适用范围	1. 适用于少水的各种地层; 2. 适用于单、双层中大跨度地下工程	1. 适用于少水的各种地层; 2. 适用于单、双层中大跨度地下工程	1. 适用于少水的软岩或土质地层; 2. 适用于双层中大跨度地下工程
防水质量	采用单拱多跨结构,避免"V"形节点,防水质量可保证	采用单拱多跨结构,避免"V"形节点,防水质量可保证	多拱多跨结构,柱顶施工条件差,"V"形节点防水质量难以保证
施工难度	对大跨度地下结构,施工难度一般	对大跨度地下结构,施工难度大	桩身钢筋分段多,二次扣拱跨度大
施工速度	工序转换较多,但建立起中洞梁柱体系,侧洞施工速度可加快,总体施工进度一般	工序多次转换,进度慢	拱盖形成较费时,正洞施二速度可加快,总体施工进度一般

续上表

项 目	中 洞 法	侧 洞 法	PBA 法
地面沉降	一般	较大	较小
废弃工程量	工序多次转换,废弃工程量较大	工序多次转换,废弃工程量大	要施作边桩及桩下基础围护结构,需拆除小导洞部分初期支护,废弃工程量稍大
造价	高	高	稍低

从表 6-3 可以看出,目前暗挖车站的几种施工方法各有其优缺点,且都有很多成功实施的先例,侧洞法是修建大跨隧道常用的方法,但由于初次揭露的是两个侧洞,跨度大,且要同步,对地表扰动大,安全性稍差。中洞法采用"CRD"工法,按照"小分块、短台阶、早成环、环套环"的原则,稳扎稳打,步步为营,施工安全度高,地面沉降及影响范围与侧洞法相比要小。但中洞法工序转换是上述三种工法中次数最多的,因而技术含量要求高,在目前国内施工技术和工程管理水平条件下,很难限制工序转换中的附加位移;另外,与侧洞法相同,由于施工过程中必须采用大量的临时支护,废弃工程量大。"PBA"工法克服了工序转换多的缺点,地面沉降控制较好,但为了形成拱盖,除了必须施作中柱及上下导洞外,还要施作围护边桩及成桩导洞,增加了不必要的工程量。

经过对双层暗挖车站的调研,采用"PBA"工法施工的车站占总调研车站的 74%,采用侧洞法施工车站占 5%,采用中洞法施工车站占 21%,可见双层暗挖车站采用"PBA"工法施工的实例较多,且该施工方法也在不断发展与完善,因此在土质地层中修建双层车站应该优先选择"PBA"工法,在岩质地层中修建双层车站应结合围岩稳定性进行系统分析确定施工方法。经过对单层暗挖车站的调研,中洞法施工的车站占到了 50% 以上。归纳分析结果如下。

(1) 单洞结构的车站,宜选用 CRD 法施工。地下车站之所以会出现单洞结构,一般情况下均是由于周边环境条件的限制,通过采用单洞施工来尽量减小对周边环境的影响。采用 CRD 法可以在施工的每一步做到及时封闭支护结构,达到减小对周边环境影响的目的。

(2) 对于双跨结构,无论是单拱还是双连拱形式,均宜采用中洞法施工。首先施工中洞,形成梁柱支撑体系,然后再施工侧洞。由于首先形成了梁柱支撑体系,因而能有效控制地层变形,保证施工在安全的环境中进行。

(3) 对于三跨结构,中洞法、侧洞法和 PBA 法均有实例,且每个方法都是成功的,哪一种方法都不存在唯一的优越性。确定施工方法时务必要针对周边环境、地面建筑及交通、地下管线以及经济投入等,进行系统的研究。

第三节 暗挖车站案例分析

一、中洞法的应用——北京地铁 5 号线天坛东门站

(一) 工程概况

北京地铁 5 号线天坛东门站位于天坛东路正下方,呈南北向布置,车站主体结构为双层岛式站台,上层为站厅层,下层为站台层,有效站台长 120.0m,站台宽 14m,主体总长 191m,总宽 23.876m,开挖总高度为 15.166m,结构覆土 7.5m 左右。

(二)地质与水文条件

天坛东门站主要通过地层由上至下依次为人工填土层,总厚度0.6~6.5m;第四纪全新世冲洪积层:③粉土层、③-1粉质黏土层、③-3粉细砂层,其各亚层分布不连续,厚度变化较大,总厚度为0~7.0m;④粉质黏土层、④-3粉细砂层、④-4中粗砂层,该层较为稳定,总厚度5.2~9.7m;第四纪晚更新世:⑥粉质黏土层、⑥-1黏土层、⑥-2粉土层,该层总厚度为5.2~9.7m。

车站主体结构底板穿过的土层为⑥粉质黏土层、⑥-1黏土层、⑥-2粉土层。结构顶板穿过的土层为③粉土层、③-1粉质黏土层、③-3粉细砂层。

该处地下水主要为上层滞水,水位高程36.06m,主要补给来源为管沟渗漏,以侧向径流和向下越流的方式补给。

(三)超前支护

超前小导管采用 $\phi42mm$ 的水煤气管,长度2.5m,设置部位为拱部及部分边墙(在砂层部分),每两榀格栅打设一次。根据不同的地层选取不同的浆液:在中粗砂、卵石地层中采用水泥浆;在细中砂地层中采用水泥—水玻璃双液浆;在硬塑的黏土、粉土中采用水玻璃浆液;在软~流塑的黏土、粉土中采用超细水泥浆,效果很好。

超前大管棚采用 $\phi108mm$ 的钢管,每根3m,在管内填充水泥砂浆,仅在特殊地段采用(进洞,下穿重要建构筑物、管线等),在保证施工安全、控制地面沉降方面取得了很好的效果。

(四)结构设计与计算

1. 结构尺寸的初步拟定

根据工程经验类比并结合现场工程地质环境,初步拟定结构断面支护设计参数,如图6-5所示。初期支护采用C20早强混凝土网喷,厚度350mm。二次衬砌混凝土强度等级为C30,抗渗等级S10,钢管柱 $\phi800mm$,壁厚18mm,侧墙采用曲墙的形式。

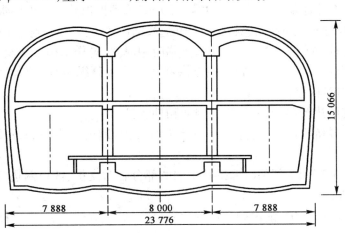

图6-5　北京地铁5号线天坛东门站结构示意图(尺寸单位:mm)

2. 结构计算模型

计算基本假定:

(1)结构纵向取1m为一个计算单元,作为平面应变问题来近似处理;

(2)假定衬砌为小变形弹性梁,衬砌离散为足够多个等厚度直梁单元;

(3)用布置于各节点上的弹簧单元来模拟围岩与衬砌间的相互约束,以此反映围岩与结构的相互作用。

采用 SAP 计算软件计算分析,计算模型简图如图 6-6 所示。

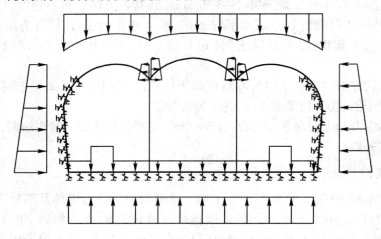

图 6-6 天坛东门站结构计算模型图

3. 结构内力计算结果

计算得到的结构弯矩和轴力分布如图 6-7 所示,根据该内力即可对结构进行配筋计算。

(五)施工工序

在施工前要先进行降水处理,在无水条件下进行施工,但在施工过程中发现车站所处地层含水量丰富,前方土层为软～可塑状粉质黏土,因此在施工过程中加强了降水力度,加密抽水井数量,及时采取背后回填注浆等措施。

本站的施工工序如图 6-8 所示,主要施工步骤为:

(1)首先,分 10 个小洞室依次开挖中洞,采用大管棚护顶并辅以小导管注浆加固地层;

(2)沿纵向分段拆除中洞内底板处临时中隔壁,铺设底板防水层,施作结构底板及底纵梁;

(3)施作钢管柱,分段拆除中洞内中板处临时中隔壁,施作结构中板及中纵梁;

(4)拆除中洞内顶层临时中隔壁,施作拱部及一片半顶纵梁,待顶梁达到足够的强度后,架设顶梁之间的临时横撑;

(5)对称开挖两边侧洞,及时施作并封闭初期支护;

(6)待侧洞上导坑贯通后,拆除中洞下部临时支护,铺设两边跨底板及部分侧墙防水层,施作二次衬砌;

(7)拆除侧洞下部和中部临时仰拱及中洞的部分临时支护,铺设两边墙防水层,施作两侧边墙及两边跨中板;

(8)拆除剩余临时支护,铺设剩余边墙及拱部防水层,施作剩余二次衬砌,二次衬砌封闭。

(六)实施效果简评

天坛东门站在施工过程中为了工期等原因,取消了原设计中的部分大管棚,仅在进洞和穿越重要建(构)筑物及管线时采用,采用密排小导管进行超前支护,虽然地表的沉降值比采用超前大管棚要大一些,但是也取得了成功,节约了投资,可见在今后的暗挖车站设计中应综合考虑施工安全、周边环境、工期、投资等方面的因素,确定合理的超前支护形式。

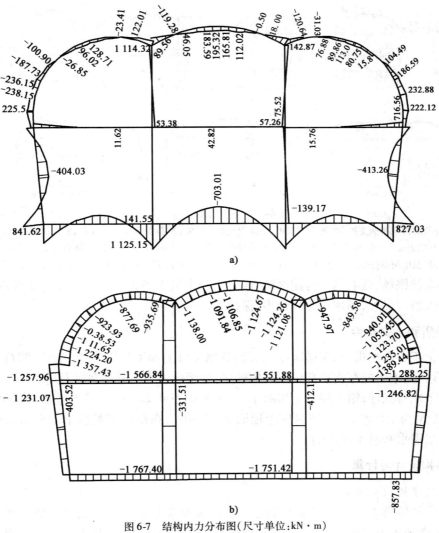

图6-7 结构内力分布图(尺寸单位:kN·m)
a)弯矩图;b)轴力图

另外从多个中洞法施工的车站实施效果来看,地面的最终沉降主要是由中洞施工引起的,侧洞施工产生的地表沉降比较小,由此可见,对于中洞法施工选择合理的中洞施工方法、施工顺序等是非常重要的环节。

天坛东门站中洞采用CRD法施工,在设计中对不同施工顺序进行了计算对比,由原设计的8步开挖法变更为10步开挖法,变更后导洞的高度比较均匀,第一层导洞高度较小,施工安全度增加。实践证明,该施工方法和施工顺序引起周围地层变形较小,达到了预期的效果,是合理的。

二、侧洞法的应用——北京地铁4号线黄庄站

(一)工程概况

北京地铁4号线的黄庄站位于中关村大街与知春路十字路口,为4号线和10号线的换乘站,4号线在中关村大街下南北布置,10号线位于知春路下,两站在平面上斜交,且10号线在4号线上方通过。中关村大街和知春路地面交通异常繁忙,且周围建筑物林立,包括东北角的

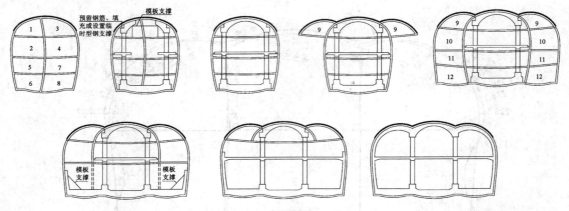

图 6-8 中洞法的施工工序

①-施作中洞并及时封闭初期支护;②-施作钢管桩、中纵梁及部分顶板;③-拆除竖向临时支撑,施作拱部、底板、中板剩余衬砌;④-对称开挖边孔上导坑并及时封闭初期支护;⑤-对称开挖两侧边跨;⑥-拆除中洞下部临时支撑,施作二次衬砌;⑦-拆除临时仰拱及中洞部分临时支撑,施作边墙及中板二次衬砌;⑧-拆除剩余临时支撑,施作边墙及拱部二次衬砌

希望集团和海淀剧场,西北角的海淀医院,西南角的中国人民大学出版社读者服务部,东南角的中发电子大厦。另外,场地内管线众多,保护等级高。

(二)地质和水文条件

根据岩土工程勘察报告,车站暗挖段穿越的地层自上而下依次为:粉细砂、卵石、中粗砂、卵石、中粗砂。其中暗挖结构拱部位于粉细砂层,底板位于中粗砂层和卵石层。

站区地下水有三层,第一层为上层滞水,位于地面下 4.2m;第二层为潜水,位于地面以下 14.18m;第三层为承压水,水头埋深位于地面下 25.41m,在结构底板以下。车站暗挖隧道结构主要受上层滞水和潜水的影响。

(三)结构设计与计算

1. 结构尺寸的初步拟定

根据工程经验类比并结合现场工程地质环境,初步拟定 4 号线车站主体结构两端为双层三连拱结构,考虑到 10 号线车站南侧有底埋深 8.3m 的 3m×2.5m 热力方沟和北侧有底埋深 9.7m 的 1.8m×2.3m 电力隧道,4 号线中间部位确定为单层三连拱结构,结构跨度 24.06m,高度 11.45m,覆土厚度 12m。4 号线黄庄站横断面如图 6-9 所示。

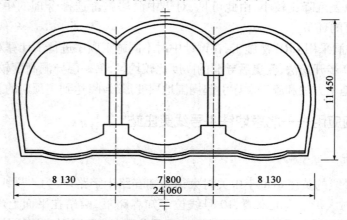

图 6-9 北京地铁 4 号线黄庄站暗挖段横断面图(尺寸单位:mm)

2. 结构计算模型

取纵向 1m 的标准段为一个计算单元，采用 SAP 计算软件计算分析，计算模型简图如图 6-10 所示。

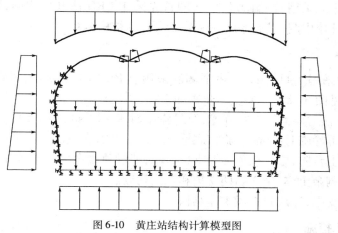

图 6-10 黄庄站结构计算模型图

3. 结构内力计算结果

计算得到的结构弯矩和轴力分布如图 6-11 所示，根据该内力即可对结构进行配筋计算。

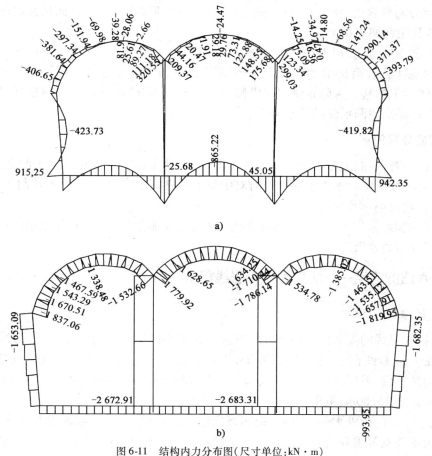

图 6-11 结构内力分布图（尺寸单位：kN·m）
a）弯矩图；b）轴力图

(四)工程施工方案

黄庄站为换乘站,4号线车站和10号线车站在暗挖单层结构处呈大角度斜交,详细分析初期支护的形成,只能采用"侧洞法"施工,即首先采用CRD法开挖侧洞,形成侧洞二次衬砌受力体系,然后再开挖中洞,最后形成封闭的二次衬砌结构体系。

(五)施工工序

车站主体断面采用侧洞法施工,每个侧洞采用"CRD"6步开挖法,中洞分为上下两个导洞,具体施工工序见图6-12。主要施工步骤如下:

(1)采用CRD法对两侧洞进行开挖,及时施作初期支护和临时支护。
(2)纵向分段拆除临时中隔壁,施作底梁、中柱和顶梁,完成侧墙和底板的二次浇筑。
(3)开挖中洞上台阶,施作拱顶初期支护,及时架设顶梁水平支撑,施作拱部二次衬砌。
(4)开挖中洞剩余土体,施作初期支护和二次初砌。
(5)拆除临时支撑,完成暗挖段主体结构。

(六)工程施工措施

(1)超前大管棚:采用ϕ159mm×8@400的热轧钢管,钢管内灌注水泥砂浆。
(2)超前小导管注浆:采用ϕ32mm×3.25@400的热轧钢管,长度2.5m,每两榀钢架打设一环。
(3)采用分部导洞法,坚持短进尺、强支护、早封闭的原则,开挖掌子面后及时用喷射混凝土封闭,形成封闭初期支护。
(4)开挖侧洞时,应及时对中间土柱进行注浆加固。
(5)及时施作临时钢支撑:侧洞内二次衬砌完成后,开挖中洞土体,导致侧洞内侧卸载,侧洞结构有可能发生侧移。为防止侧洞向内侧移及二次衬砌开裂,应及时在两根纵梁之间设置临时钢支撑,以抵抗侧洞承受的不平衡力。

(七)实施效果简评

侧洞法施工时,中洞上方土体经受多次扰动,该扰动土体将直接作用于中洞上,中洞施工时易引发地表过大沉降。本工程通过及时对中间土柱进行注浆加固,有效地控制了地面沉降,对周围环境影响较小。

在侧洞开挖时,采用了"CRD"6步开挖法,从现场实施效果来看,有效控制了周围地层的变位,收到了预期的效果。

三、PBA法的应用——北京地铁4号线宣武门站

(一)工程概况

北京地铁4号线的宣武门站位于北京宣武门交叉路口下,与既有环线宣武门站成"十"字交叉,环线在上,4号线在下,车站埋深为23.0~23.5m。车站主体结构为双层双柱三跨连拱结构,上层为站厅层,下层为站台层,有效站台长度120.0m,站台宽14.0m,主体总长187.7m,总宽24.4m,总高15.80m,覆土8.0m。

车站位于宣武门内外大街、东西大街四条交通干线的接合处,车站四周有越秀大饭店、中国图书社、天主教堂等重要建筑物。由于车站埋深较大,大部分建筑物位于车站开挖面影响范围内,施工过程中很容易对周围建筑物基础产生影响。

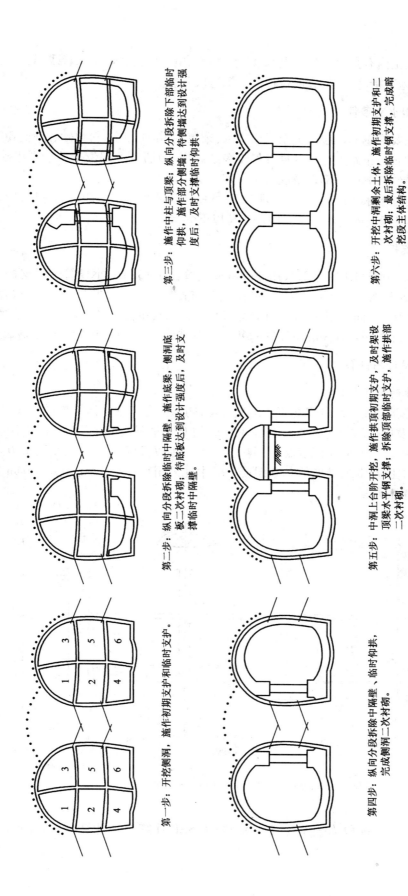

图6-12 侧洞法施工工序示意图

车站上方覆土内有热力、煤气、上水、污水、雨水、电力、通信等89条管线,其中盖板河横穿车站主体上方,施工措施不当,会使盖板河下沉造成开裂。

(二)地质和水文条件

宣武门站主要穿越的地层由上至下依次为:杂填土、粉质黏土、粉细砂、圆砾、粉细砂、中粗砂、粉质黏土、卵石。车站上导洞及拱部位于粉细砂层,边墙中上部位于处于中粗砂与粉质黏土层,车站下层导洞、侧墙下部以及底板位于卵石层中。

车站范围内地下水为层间水,水位埋深20.5~24.3m,含水层为卵石圆砾层,中粗砂充填,车站结构底板以上2.5m左右处于层间水水位以下。

(三)超前支护

上层小导洞、中跨与边跨拱部采用 $\phi108mm$ 大管棚 + $\phi32mm$ 小导管超前支护;下层小导洞采用 $\phi32mm$ 小导管超前支护,沿拱顶开挖轮廓布置。单根大管棚长20.0m,重叠3.0m,外插角为3.0°~5.0°,环向间距0.3m,管内用水泥砂浆填充;单根小导管长3.0m,壁厚3.25mm,纵向间距1.0m,环向间距0.3m,小导管的外插角为10°~15°,管内压注改性水玻璃浆液。

(四)结构设计与计算

1. 结构尺寸的初步拟定

根据工程经验类比并结合现场工程地质环境,初步拟定车站主体结构如图6-13所示。上层小导洞、边拱及中拱的初期支护采用厚300mm的C20早强混凝土网喷,下层小导洞的初期支护采用厚250mm的C20早强混凝土网喷。二次衬砌以及顶(底)纵梁采用C30混凝土,抗渗等级为S10,中板及中纵梁采用C30混凝土。中柱采用直径800mm、壁厚16mm钢管柱,柱内灌注C50微膨胀混凝土。

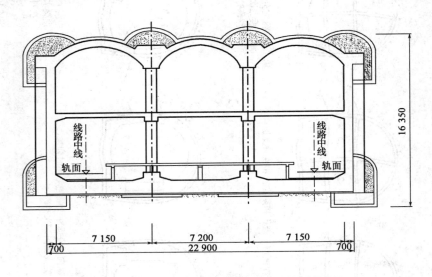

图6-13 北京地铁4号线宣武门站结构示意图(尺寸单位:mm)

2. 结构计算模型

取纵向1m的标准段为一个计算单元,采用SAP计算软件计算分析,计算模型简图如图6-14所示。

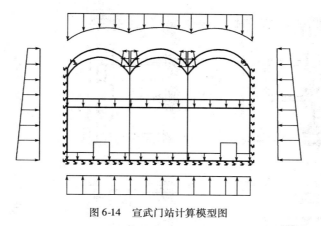

图 6-14 宣武门站计算模型图

3. 结构内力计算结果

计算得到的结构的弯矩和轴力分布如图 6-15 所示,根据该内力即可对结构进行配筋计算。

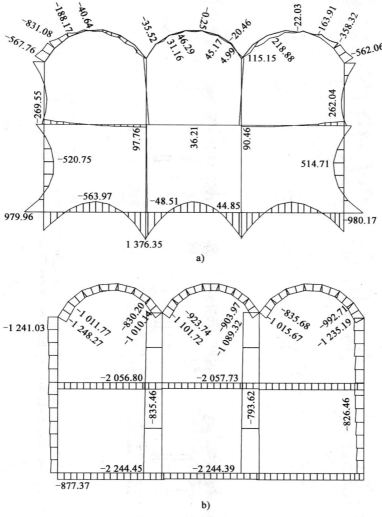

图 6-15 结构内力分布图(尺寸单位:kN·m)
a)弯矩图;b)轴力图

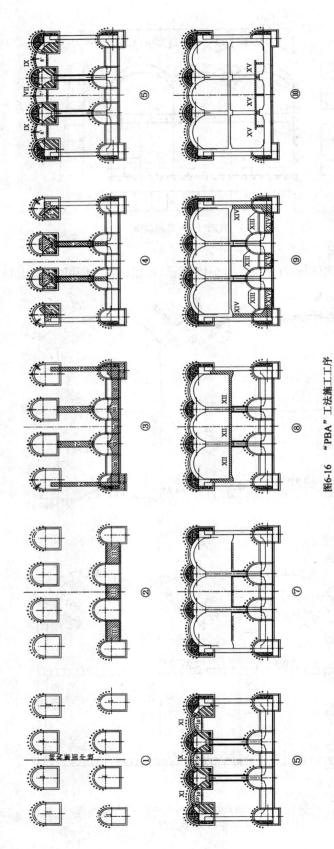

图6-16 "PBA"工法施工工序

①—号洞开挖及支护;②—施作下导洞桩、柱和中导洞桩、边导洞桩挖孔围护桩和中导洞条基梁;③—边导洞桩施作;④—施作顶梁;⑤—开挖上导洞间拱部土体;⑥—施作上导洞间拱部初期支护和二次衬砌;⑦—逆作法向下开挖至中板;⑧—施作中板及结构二次衬砌;⑨—开挖至底板;⑩—施作底板、侧墙及站台

(五)小导洞施工

为了减小群洞效应带来的不利因素影响,先施工下层导洞后施工上层导洞,下导洞超前上导洞 10~20m。先施工边导洞后施工中间导洞,且左右相邻导洞错开距离 3~6d(d 为小导洞开挖净空洞径)。为减少对地层的扰动,小导洞分台阶快速开挖,加强初期支护,尽早封闭成环,控制导洞的沉降和变形。

上层小导洞尺寸(宽×高)4.6m×5.1m,边导洞内施作钻孔灌注桩及桩顶冠梁,中导洞内施作中柱及顶纵梁,混凝土强度等级为 C30,钻孔灌注桩直径 800mm,间距 1 200mm,采用机械套管成孔。下层小导洞尺寸(宽×高)4.5m×5.0m,在其内施作条基、底纵梁及钢管柱。

(五)施工工序

车站主体断面共分八个小导洞开挖施工,中柱上下各 2 个小导洞,边桩上下各 2 个小导洞,底部利用小导洞内条基或底纵梁承受上部荷载。施工工序见图6-15。主要施工步骤如下:

(1)按照"先下后上、先边后中"的原则开挖小导洞,然后在下导洞内进行地基处理后,施作条基及底纵梁。

(2)在上导洞内采用机械套管成孔施作边桩及中柱,然后施作桩顶冠梁及顶纵梁。

(3)小导管+大管棚注浆加固地层,开挖主体结构中部土体,施作初期支护以及二次衬砌;待拱顶回填注浆后,对称开挖两侧边拱,施作初期支护以及二次衬砌。

(4)二次衬砌扣拱后,向下开挖土体至中板后,施作中板及站厅层侧墙。

(5)依次向下开挖土体至基底,施作底板及站台层侧墙、封闭二次衬砌结构。

(六)实施效果简评

(1)桩顶冠梁、侧墙与顶拱接合效果较好;

(2)上中导洞拱顶空间较大,主动设置回填空间,有利于顶纵梁浇筑;

(3)边桩外侧距小导洞内侧距离较小,仅 0.6m,侧向超挖回填量较少。

第七章 明挖地下车站结构

本章以上海地铁8号线黄兴路站为例介绍明挖地下车站的结构设计与计算,由于该部分设计计算内容较多,限于篇幅,将主要介绍支护结构以及主体结构的内力计算,根据内力结果进行的结构配筋、基坑抽水设计、坑底加固等可参阅相关规范及手册。

第一节 设计原则和标准

一、设计原则

地下车站结构形式和施工方法的选择,应考虑工程水文地质、总体规划要求、环境条件和道路交通状况,并对技术、经济、工期、环保和使用效果做综合比较。按有关设计规范对其在施工阶段和使用阶段,根据承载能力极限状态及正常使用极限状态的要求,进行强度、刚度、稳定性和抗浮计算,并进行抗裂和裂缝开展宽度验算。因此明挖法结构设计分施工和正常使用两个阶段。施工期设计主要指基坑工程的设计与计算,一般包括:环境调查及基坑安全等级的确定、支护结构选型、支护结构设计计算、节点设计、井点降水以及土方开挖方案、监测要求等。使用期设计主要是主体结构尺寸及配筋,如板、梁等。

1. 支护结构设计要求及内容

在明挖法设计施工中,首先需综合考虑开挖深度、工程水文地质条件、周边环境等因素合理选用支护结构形式。如基坑的整体稳定性允许,可以采用放坡开挖方案,但有时受场地的限制,或基坑稳定性不能满足要求,或周边环境保护要求等级较高时,地下车站施工中应采用支护结构。

支护结构的设计与计算主要确定围护结构的插入比(入土深度与开挖深度之比)、支撑的设置等。主要考虑三方面的内容:稳定性验算、支护结构强度设计和基坑变形计算。稳定性验算主要是指基坑周围土体与支护结构一起保持稳定的能力;支护结构强度设计主要是计算支护结构体系以及各构件的内力,使其满足强度设计的要求;基坑变形计算主要结合基坑的保护等级以及周边建筑物、管线的保护要求,控制基坑开挖对周边环境的影响。不同类型的围护结构设计与计算内容、方法应根据其自身特点进行适当的调整,同时应考虑开挖及结构施作顺序的影响,如顺作、逆作或半逆作等。

2. 主体结构设计要求及内容

车站主体结构的净空尺寸除满足建筑、限界、设备、人防工程等专业的要求外,尚应考虑施工误差、测量误差、结构变形及后期沉降的影响。

车站主体结构设计根据结构类型、使用条件、荷载特性、环境条件、施工工艺、盾构施工筹划等条件进行,满足施工、运营、城市规划、防火、防水、抗震、人防、防杂散电流的要求。应减少施工中和建成后对环境造成的不利影响,考虑城市规划引起周围环境的改变对结构的作用;应根据环境类别,按设计使用年限为100年的要求进行耐久性设计(环境类别按现行国家标准《混凝土结构设计规范》确定);结构应具有足够的纵向刚度,满足地铁长期运营条件下对结构纵向抗裂及抗差异沉降的要求;应验算季节性温差和差异沉降引起的纵向内力和变形;地震区的结构设计,应根据地震区划的设防烈度、场地条件、结构类型和埋深等因素进行抗震设计,对接头等在结构上较弱的部位,应采取必要的构造措施,提高结构的整体抗震能力。

按荷载的短期效应组合,并考虑长期效应组合的影响所求得的最大裂缝宽度,除中板、柱和其他内部结构不大于0.3mm外,其余均不大于0.2mm。考虑温度作用和混凝土收缩对结构开裂的影响,结构不允许产生贯穿裂缝。考虑地震或其他偶然荷载作用时,不验算结构的裂缝宽度。如果结构所处的环境具有侵蚀介质时,最大裂缝宽度的允许值应通过论证确定。

二、设计采用的设计规范和标准❶

(1)上海市标准《上海地铁基坑工程施工规程》(SZ 08—2000)
(2)国家标准《地下铁道设计规范》(GB 50157—2003)
(3)上海市标准《地基基础设计规范》(DBJ 08-11—1999)
(4)上海市标准《基坑工程设计规程》(DBJ 08-61—97)
(5)国家标准《混凝土结构设计规范》(GB 50010—2002)
(6)国家标准《钢结构设计规范》(GB 50017—2003)
(7)国家标准《建筑抗震设计规范》(GB 50011—2001)
(8)国家标准《人民防空工程设计规范》(GB 50225—2005)
(9)上海市标准《地基处理技术规范》(DBJ 08-40—94)
(10)国家标准《地下铁道工程施工及验收规范》(2003年)(GB 50299—1999)

第二节 工 程 概 况

上海地铁8号线黄兴路站位于控江路、靖宇南路T形交叉口东侧的控江路中心线下,车站中心里程SK5+779,为地下两层岛式丙级站,长166.6m,标准段宽17.2m,南、北端头井宽21.4m。共有2个风井及3个出入口。总平面图如图7-1所示。

车站所处地理环境交通繁忙,路段狭窄,控江路是杨浦区东西向主干道,路宽12m,南北两侧以五六层住宅为主,其中夹杂有部分公用建筑,南侧有杨浦剧院和吉买盛超市,北侧有鑫鸿宾馆。其中华联吉买盛超市离车站南侧最近处约为11.0m,其余建筑物距车站基坑均大于20m。杨浦剧院和大部分民宅基础形式为条基,上部为砌体承重结构。同时,在车站地下结构施工范围内分布有地下管线共9条,其中北侧6条、南侧3条,管线涉及供水、供电、通信、煤气、排水等。

场地地基属第四系河口~滨海浅海相沉积层,主要由饱和黏性土、粉性土及砂土组成,各沉积地层的名称及物理—力学性质显示指标见表7-1,拟建场地地基土属中~高压缩性软弱土层,典型断面土层分布如图7-2所示。

地质勘察报告显示,该场地的地下水类型为潜水型与承压水型。潜水含水层主要为地表以下第③~⑤层饱和的黏性土,平均渗透系数$K=2.50\times10^{-6}$cm/s,地下水位深度为1.25m左右,相应的绝对高程为+1.75m左右。承压含水层包括浅层和深层承压层,⑤-2层为浅层的微承压层,深层承压层主要由⑦-1层草黄色砂质粉土及⑦-2层灰色粉砂组成,承压水头高度在地表以下4.9m左右。

---

❶此处所列的为当时采用的规范和标准,本书出版时有些规范已被新版本替代。

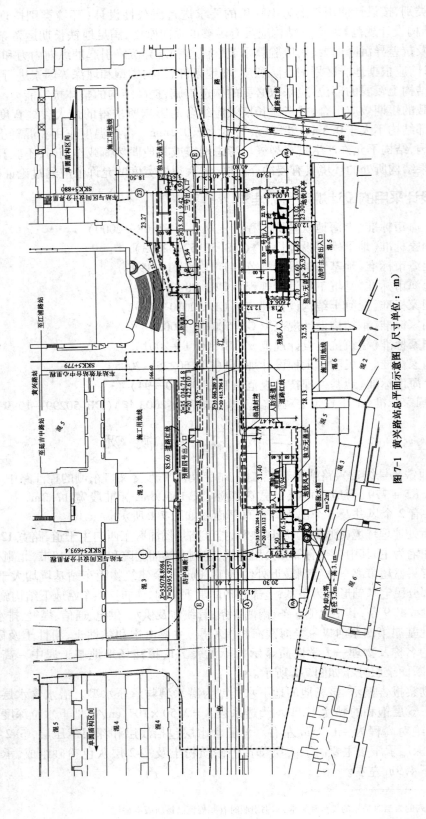

图 7-1 黄兴路站总平面示意图（尺寸单位：m）

各土层的物理-力学指标

表 7-1

层序	土层名称	含水率 w_o (%)	重度 γ_0 (kN/m³)	孔隙比 e_o	液限 w_L (%)	塑限 w_p (%)	渗透系数 温度20℃ K_V (cm/s)	渗透系数 温度20℃ K_H (cm/s)	直剪固快(峰值) 黏聚力 c (kPa)	直剪固快(峰值) 内摩擦角 φ (°)	压缩模量 $E_{s0.1-0.2}$ (MPa)	高压固结 回弹指数 C_s	十字板试验 峰值强度 $(c_u)_v$ (kPa)
①-1	杂填土	—	—	—	—	—	—	—	—	—	—	—	—
①-2	黄色素填土	—	—	—	—	—	—	—	—	—	—	—	—
②-1	褐黄色粉质黏土	32.6	18.3	0.94	37.8	22.0	1.60×10^{-7}	2.43×10^{-7}	22	21.0	3.43	—	39.9
③	灰黄色淤泥质粉质黏土	39.8	17.5	1.13	35.8	22.0	2.14×10^{-7}	2.93×10^{-7}	12	22.5	3.99	—	33.3
④	灰色淤泥质黏土	48.9	16.7	1.40	44.3	25.6	1.08×10^{-7}	3.08×10^{-7}	11	11.0	2.13	0.061	32.3
⑤-1a	灰色黏土	41.9	17.2	1.22	44.1	25.3	1.13×10^{-7}	2.44×10^{-7}	16	10.0	3.20	0.081	40.6
⑤-1b	灰色粉质黏土	35.2	17.8	1.03	36.3	21.6	2.71×10^{-7}	2.73×10^{-7}	5	28.0	4.33	0.047	68.3
⑤-2	灰色粉质黏土	31.7	18.1	0.93	—	—	1.15×10^{-6}	1.26×10^{-4}	—	—	6.52	—	—
⑤-3	灰色粉质黏土	34.4	17.9	1.01	35.6	21.9	2.73×10^{-7}	4.05×10^{-7}	15	23.5	4.42	—	—
⑥	暗绿色粉质黏土	24.3	19.6	0.70	34.8	20.0	—	—	42	20.0	7.13	—	—
⑦-1a	草黄色砂质粉土	26.1	19.0	0.76	—	—	—	—	0	40.0	10.76	—	—
⑦-1b	黄色粉砂	29.7	18.5	0.85	—	—	—	—	3	34.5	13.83	—	—

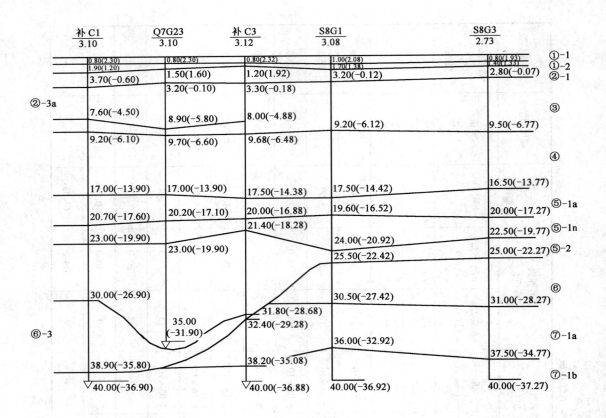

图 7-2 车站基坑南侧纵剖面地质图(高程单位:m)

第三节 车站主体及支护结构选型

一、车站基坑的保护等级

根据车站周围环境分析,车站基坑开挖施工时的变形控制保护等级在不同区段采用不同等级。二级基坑区段,如靠近华联吉买盛区段,施工时地面最大沉降量不大于 $0.2\%H$,围护墙最大水平位移不大于 $0.3\%H$;三级基坑区段,离建筑物较远的区段,施工时地面最大沉降量不大于 $0.5\%H$,围护墙最大水平位移不大于 $0.7\%H$(H 为基坑开挖深度)。

二、结构及支护形式

根据地面环境和工程地质、水文地质条件和类似工程经验,结构形式确定为:标准段单柱双跨钢筋混凝土结构,端头井部分为双柱三跨结构,覆土厚度为 2.08m。采用明挖法施工,标准段基坑开挖深度为 14.7m,端头井部分为 16.4m,围护结构采用连续墙,支撑采用 ϕ609mm×16 钢管支撑,标准段设 4 道,端头井设 5 道;根据基坑的不同保护等级,连续墙可选不同尺寸,如靠近华联吉买盛区段或端头井区段的连续墙厚度初步拟定选用 800mm,而三级基坑区段拟定为 600mm。

附属工程(出入口、风井)采用 SMW 桩作为基坑的围护结构,设 2 道 ϕ609mm×16 钢管支撑。

根据基坑的稳定性、抗突涌、抗隆起等计算分析,确定标准段地下连续墙深为26.8m、端头井为28.3m。典型断面的主体结构、支护结构及与土层的相互关系如图7-3所示。以下计算分析均以标准段为例。

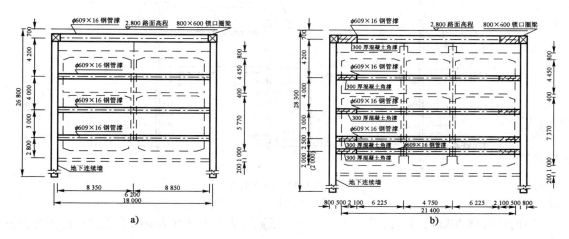

图7-3 典型断面的主体结构、支护结构及与土层的相互关系图
a)基坑围护结构标准段横剖面图1:100;b)基坑围护结构端头井横剖面图1:100

车站标准段主体结构初步拟定尺寸为:边墙厚为600mm,地下连续墙加400mm厚内衬,底板厚1.0m,中板厚0.4m,顶板厚0.8m,顶板上覆土厚2.8m。

三、建筑材料

地下墙混凝土强度等级C30,抗渗等级S8;底板下素混凝土垫层强度等级C20;钢筋采用I、II级钢筋。

第四节 计算模型及荷载

一、计算模型

以弹性杆系有限元法进行计算,计算时沿纵向取单位宽度,将围护结构或主体结构的边墙视为一个竖放的弹性地基梁,并剖分为若干段梁单元,支撑用二力杆桁架单元模拟,地层的约束作用用一系列弹簧来模拟,弹簧的作用采用弹性地基梁的局部变形理论即温克尔假定。

建立的计算简图如图7-4所示,图a)用于施工阶段的支护结构内力计算,图b)为使用阶段主体结构内力计算简图。坑外土压力为梯形分布,由于车站主体结构大部分位于粉土层和砂土层,所以施工阶段侧向压力采用水土分算,使用阶段采用水土合算;坑内土体抗力在4m范围内呈三角形分布,即按"m"法计算,根据地层资料,取$m = 2500 \text{kN/m}^4$,坑底4m以下为矩形分布,抗力值按地质资料取用。

根据施工过程和使用期间分阶段进行内力计算并将各阶段的内力结果进行包络,并以此作为配筋计算的依据。

二、计算荷载组合

地下结构所受的荷载主要有侧向水、土压力和地面超载,施工时应考虑施工荷载、使用期应考虑人群、设备荷载等。

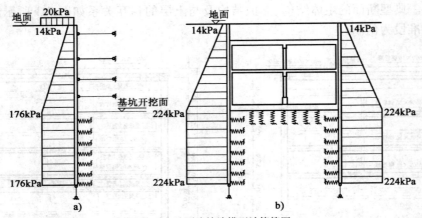

图 7-4 地下连续墙模型计算简图
a)施工阶段；b)使用阶段

地面超载取 20kPa，各工况荷载组合及分项系数见表 7-2，表中除施工阶段外，其他均为使用期荷载的不同组合情况。

各工况荷载组合及荷载分项系数 表 7-2

荷载类别	荷载名称	分项系数	永久荷载+可变荷载		永久荷载+偶然荷载+与偶然同时出现的可变荷载组合		
			施工阶段	基本组合	浮力工况	地震工况	人防工况
永久荷载	结构自重	1.2	+	+	+	+	+
	顶板上覆土重	1.2	+	+	+	+	+
	水土侧压力	1.2	+	+	+	+	+
	浮力	1.2	+		+	+	+
可变荷载	地面超载	1.4	+	+	+	+	+
	列车荷载	1.4		+		+	+
	人群荷载	1.4		+		+	+
	施工荷载	1.4	+				
偶然荷载	地震力	1.4				+	
	人防荷载	1.4					+

三、计算参数

计算时所采用的参数如下：

静止土压力系数：0.467（根据地质资料加权平均之结果）

水土合算土压力系数：0.6

覆土深度：2.08m

地下水位：地面下 0.5m

地面超载：20kN/m²

楼面施工荷载：5kN/m²

人群荷载：4kN/m²

车辆荷载：20kN/m²

站台板自重:8kN/m²
中板装修层厚度:0.15m
中板装修层重度:23kN/m³
土层相对高程(以地面为0计算)及水平向基床系数:
①褐黄色粉质黏土　　　－3.2　　　$K = 35\,700\ kN/m^2$
②灰色淤泥质粉质黏土　－9.2　　　$K = 8\,600\ kN/m^2$
③灰色淤泥质黏土　　　－17.5　　 $K = 7\,400\ kN/m^2$
④灰色黏土　　　　　　－19.6　　 $K = 15\,100\ kN/m^2$
⑤灰色粉质黏土　　　　－24　　　 $K = 36\,500\ kN/m^2$
⑥灰色黏质粉土　　　　－25.4　　 $K = 99\,000\ kN/m^2$
⑦暗绿色粉质黏土　　　－26.8　　 $K = 99\,000\ kN/m^2$
考虑基坑底部加固后的基床系数取值为$10\,000 kN/m^2$(竖向)。

第五节　支护结构内力计算

采用上述模型,对施工阶段的8个工况进行了分析计算。8个工况分别为:①开挖至第一道支撑位置下0.5m;②架设第一道支撑,开挖至第二道支撑位置下0.5m;③架设第二道支撑,开挖至第三道支撑下0.5m;④架设第三道支撑,开挖至第四道支撑下0.5m;⑤架设第四道支撑,开挖坑底;⑥内部结构施工完成第一层,拆除第三、四道支撑;⑦内部结构施工完成,拆除第二道支撑;⑧拆除第一道支撑,顶板上覆土回填。⑥~⑧三种工况分别考虑了主体结构的侧墙与地下连续墙刚接(叠合梁)、楼板与地下连续墙不连接(以弹簧相连)两种情况。

各工况的计算简图、弯矩及剪力计算结果见图7-5～图7-12,施工阶段支护结构的内力包络图见图7-13。

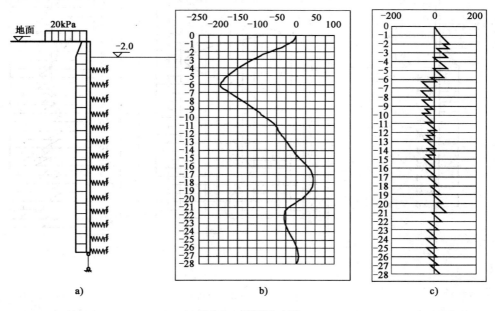

图7-5　工况①内力图
a)计算简图;b)弯矩图(-193.6~44.59)(单位:kN·m);c)剪力图(-58.39~67.55)(单位:kN)

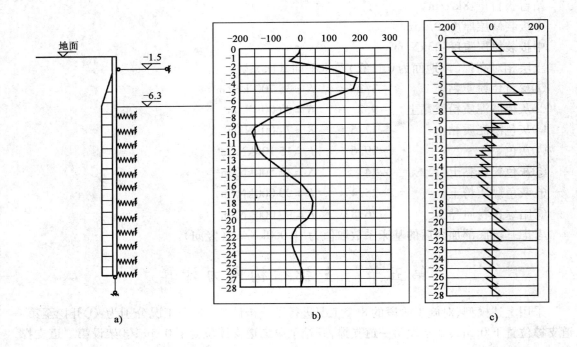

图 7-6 工况②内力图

a) 计算简图；b) 弯矩图（-157.60~191.30）（单位：kN·m）；c) 剪力图（-171.53~132.77）（单位：kN）

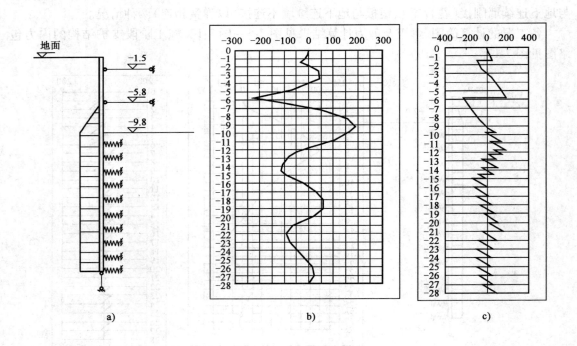

图 7-7 工况③内力图

a) 计算简图；b) 弯矩图（-222.70~189.59）（单位：kN·m）；c) 剪力图（-224.47~181.27）（单位：kN）

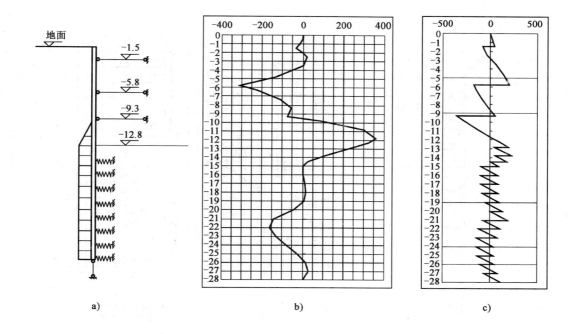

图 7-8 工况④内力图
a)计算简图;b)弯矩图(-310.26~357.75)(单位:kN·m);c)剪力图(-355.41~228.29)(单位:kN)

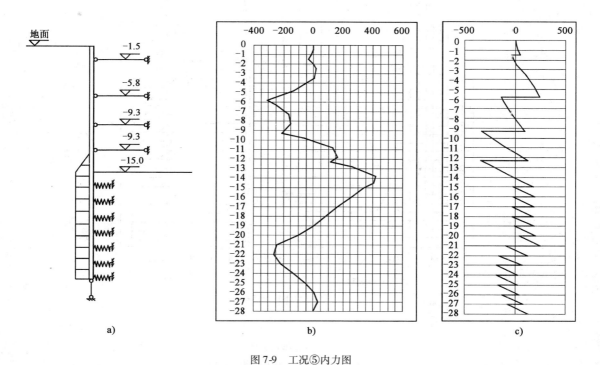

图 7-9 工况⑤内力图
a)计算简图;b)弯矩图(-308.40~415.42)(单位:kN·m);c)剪力图(-335.00~244.54)(单位:kN)

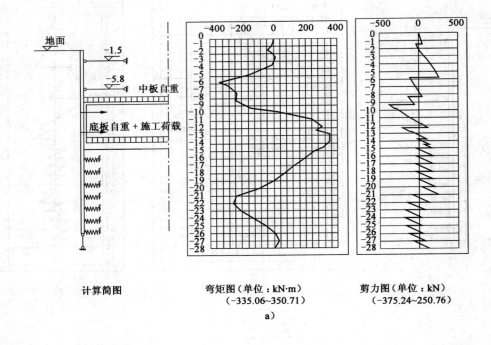

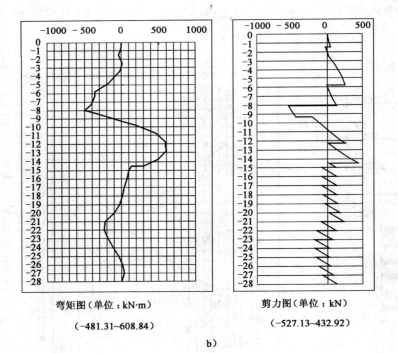

图 7-10 工况⑥内力图
a) 楼板与连续墙不连接; b) 楼板与连续墙刚接

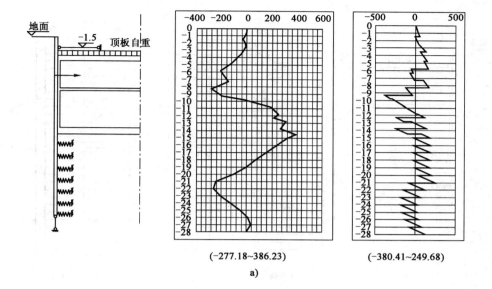

(−277.18~386.23)　　　　(−380.41~249.68)

a)

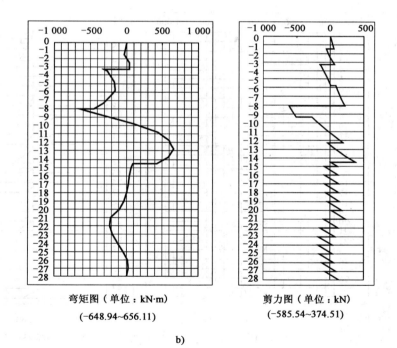

弯矩图（单位：kN·m）　　　剪力图（单位：kN）
(−648.94~656.11)　　　　(−585.54~374.51)

b)

图 7-11　工况⑦内力图
a) 楼板与连续墙不连接；b) 楼板与连续墙刚接

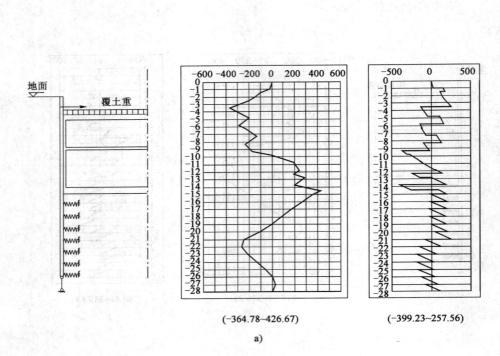

(−364.78~426.67)   (−399.23~257.56)

a)

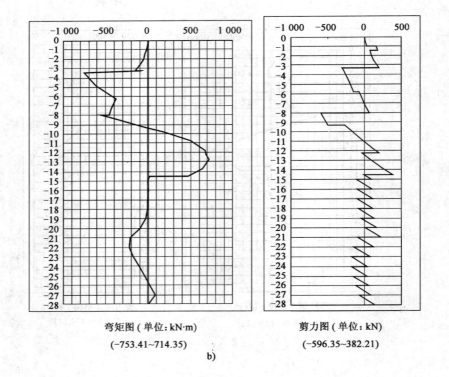

弯矩图（单位：kN·m）   剪力图（单位：kN）

(−753.41~714.35)   (−596.35~382.21)

b)

图 7-12 工况⑧内力图
a) 楼板与连续墙不连接；b) 楼板与连续墙刚接

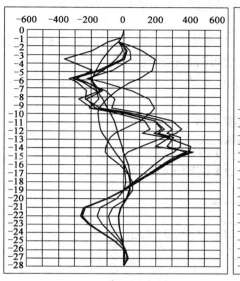

弯矩包络图(单位：kN·m) 剪力包络图(单位：kN)
(-364.78~426.67)   (-399.23~257.56)

a)

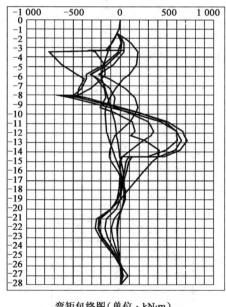
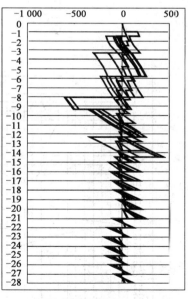

弯矩包络图(单位：kN·m) 剪力包络图(单位：kN)
(-753.41~714.35)   (-604.05~432.92)

b)

图 7-13 施工阶段内力包络图
a) 楼板与连续墙不连接; b) 楼板与连续墙刚接

第六节 主体结构横断面内力计算

取标准断面,分两种情况进行计算:①内衬与地下连续墙视为刚接,即视为叠合梁,承受的弯矩按刚度进行分配;②内衬与地下连续墙之间以弹簧相连。

计算时共分3个工况:①基本组合;②浮力工况;③人防组合。计算的内力结果进行强度或裂缝宽度的检算。

基本组合时的计算简图、内力图分别如图7-14~图7-17所示。

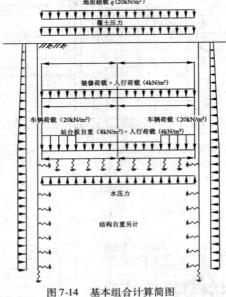

图7-14 基本组合计算简图

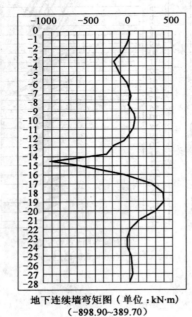

地下连续墙弯矩图(单位:kN·m)
(-898.90~389.70)

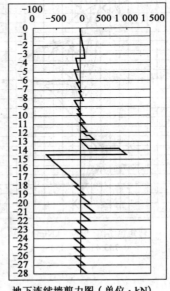

地下连续墙剪力图(单位:kN)
(-721.30~975.60)

a)

图 7-15

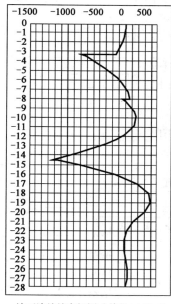
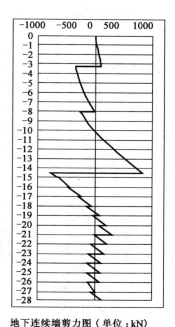

地下连续墙弯矩图（单位：kN·m）　　　　地下连续墙剪力图（单位：kN）

（-1139.4~383.70）　　　　　　　　　　（-759.10~815.10）

b)

图 7-15　基本组合地下连续墙内力图

a)楼板与连续墙不连接；b)楼板与连续墙刚接

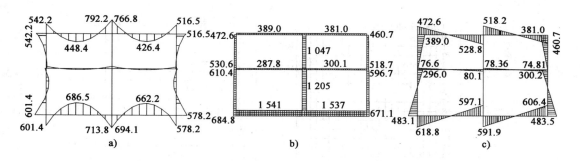

图 7-16　内部结构与地下连续墙不连接时内部结构内力图

a)弯矩图（单位：kN·m）；b)轴力图（单位：kN）；c)剪力图（单位：kN）

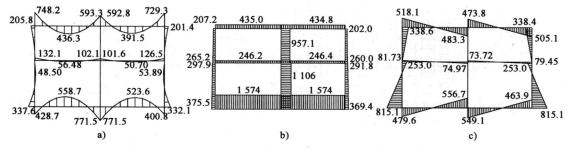

图 7-17　内部结构与地下连续墙刚接时内部结构内力图

a)弯矩图（单位：kN·m）；b)轴力图（单位：kN）；c)剪力图（单位：kN）

浮力工况时的计算简图、地下连续墙内力图及内部结构内力图分别如图 7-18 ~ 图 7-21 所示。

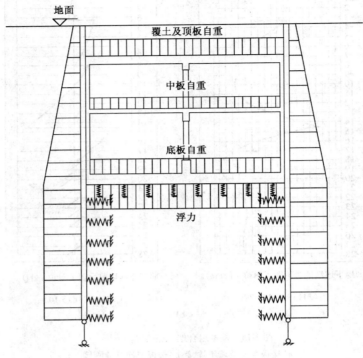

图 7-18　浮力工况计算简图

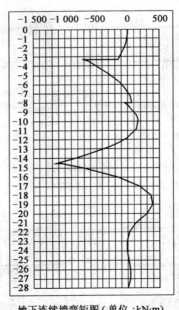

地下连续墙弯矩图（单位：kN·m）
(-785.4~413.8)

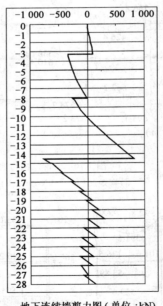

地下连续墙剪力图（单位：kN）
(-591.3~692.1)

a)

图　7-19

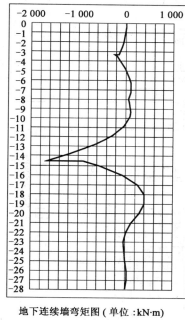
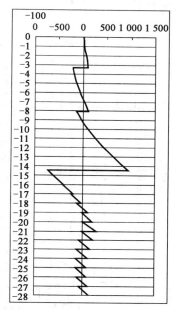

b)

图 7-19 浮力工况地下连续墙内力图
a) 楼板与连续墙不连接；b) 楼板与连续墙刚接

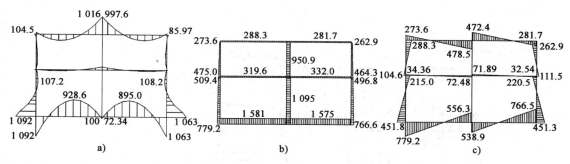

图 7-20 内部结构与地下连续墙不连接时内部结构内力图
a) 弯矩图（单位：kN·m）；b) 轴力图（单位：kN）；c) 剪力图（单位：kN）

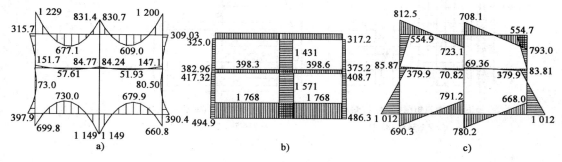

图 7-21 内部结构与地下连续墙刚接时内部结构内力图
a) 弯矩图（单位：kN·m）；b) 轴力图（单位：kN）；c) 剪力图（单位：kN）

人防组合时的计算简图、地下连续墙内力图及内部结构内力图分别如图 7-22～图 7-25 所示。

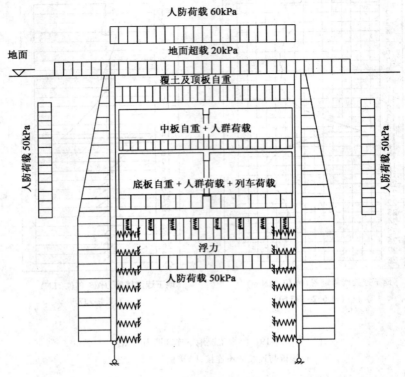

图 7-22　人防组合计算简图

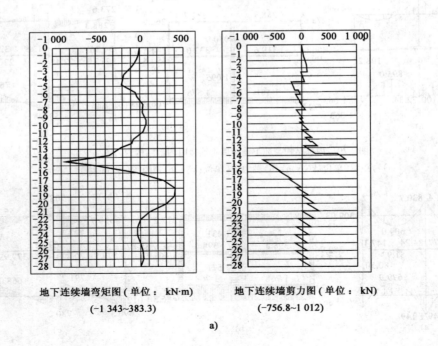

地下连续墙弯矩图（单位：kN·m）　　　地下连续墙剪力图（单位：kN）
(-1 343～383.3)　　　　　　　　　　(-756.8～1 012)

a)

图 7-23

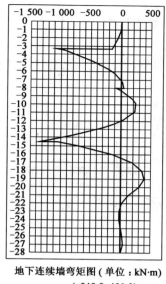
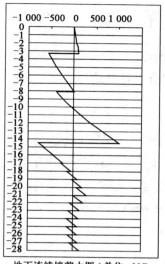

地下连续墙弯矩图(单位:kN·m) 地下连续墙剪力图(单位:kN)
(-848.8~401.0)   (-708.5~783.8)

b)

图 7-23 人防组合地下连续墙内力图
a) 楼板与连续墙不连接; b) 楼板与连续墙刚接

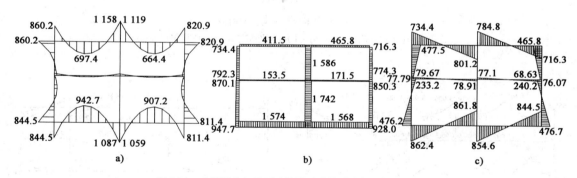

图 7-24 内部结构与地下连续墙不连接时内部结构内力图
a) 弯矩图(单位:kN·m); b) 轴力图(单位:kN); c) 剪力图(单位:kN)

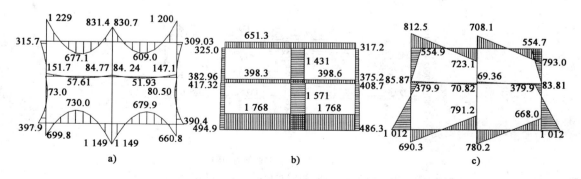

图 7-25 内部结构与地下连续墙刚接时内部结构内力图
a) 弯矩图(单位:kN·m); b) 轴力图(单位:kN); c) 剪力图(单位:kN)

第七节 结构纵断面内力计算

纵断面简化为框架模型,承担横向半跨内的全部荷载,分三种工况进行计算:①基本组合;②浮力工况;③人防组合。计算结果如图7-26~图7-28。

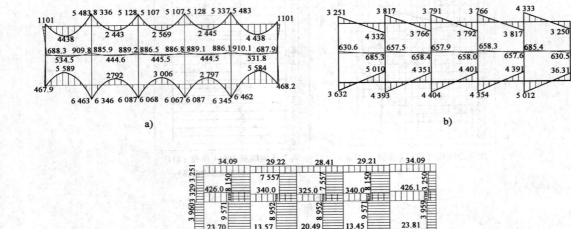

图7-26 基本组合时纵向框架内力图
a)弯矩图(单位:kN·m);b)剪力图(单位:kN);c)轴力图(单位:kN)

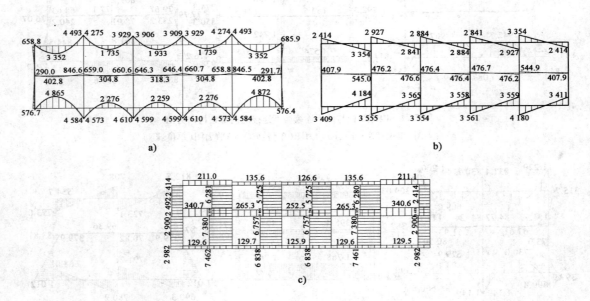

图7-27 浮力组合时纵向框架内力图
a)弯矩图(单位:kN·m);b)剪力图(单位:kN);c)轴力图(单位:kN)

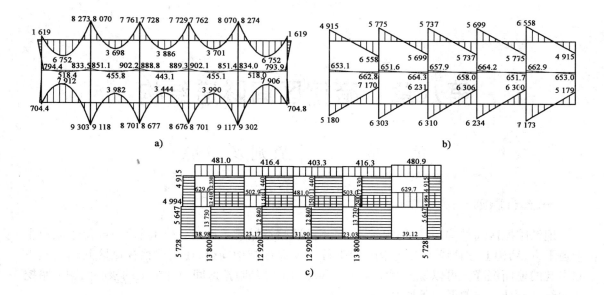

图 7-28 人防组合时纵向框架内力图
a)弯矩图(单位:kN·m);b)剪力图(单位:kN);c)轴力图(单位:kN)

第八章 暗挖区间隧道结构

第一节 设计原则及步骤

一、设计原则

地铁暗挖区间结构，一般埋深较浅，属于浅埋暗挖结构。同时，区间隧道一般位于城市主干道下方，结构上方管线密集，结构设计时除了要保证结构安全，还应严格控制区间结构施工时引起的地面沉降。可以说控制结构变形和地面沉降是暗挖区间设计施工的核心问题。暗挖区间结构设计时应遵循如下原则：

(1) 结合工程环境条件、隧道本身的安全综合制定地面沉降控制基准值。

(2) 区间隧道结构设计应根据工程地质、水文地质、地面建筑和地下埋设物、结合结构防水要求等状况，通过技术、经济、环境影响和使用效果等综合比较，选择合适的结构形式和施工方法。在含水地层中，应采取可靠的地下水处理和防治措施。

(3) 区间隧道结构设计应考虑时间和空间效应。一般情况下二次衬砌在围岩和初期支护变形基本稳定后施作，但在采取辅助措施后，初期支护变形仍然不收敛的，则需提前施作二次衬砌。

(4) 区间隧道衬砌应进行施工和正常使用阶段的结构分析和结构强度计算，必要时也应进行刚度和稳定性分析。对于混凝土、钢筋混凝土结构尚应进行抗裂验算或裂缝宽度验算。当计入地震等偶然荷载作用时，可不验算结构的裂缝宽度。

(5) 区间隧道钢筋混凝土结构的最大裂缝宽度允许值应根据结构类型、使用要求，所处环境条件等因素确定。裂缝宽度计算采用《铁路隧道设计规范》(TB 10003—2005)中正常使用极限状态验算的规定，并考虑温度作用和混凝土收缩对结构开裂的影响。

(6) 设计和施工应紧密结合，加强施工过程中的监控量测。

二、设计方法及步骤

根据有关设计规范和工程实际情况，目前暗挖区间支护结构设计仍以工程类比法为主，通过工程类比初步拟定结构支护参数，完成预设计方案，根据实际地层参数通过模拟计算对预设计方案进行强度和稳定性验算，并在施工过程中辅以量测为手段的现场监控设计法。现场监控设计法是将施工前和施工过程中测得的测试数据反馈于设计和施工，这种方法有测试数据为依据，能适应多变的地质条件和各种不同的施工方法。最近几年来，由于量测技术和计算技术的互相渗透，现场监控设计方法有了很大进展。

一般而言，暗挖区间隧道结构设计步骤如下：

(1) 工程设计前，首先要充分分析对比工程范围内地质条件和类似工程的地质条件进行，确定出本工程的结构支护预选设计方案。

(2)对预设计的结构支护参数分别按地层—结构模型和荷载—结构模型进行结构分析和计算。施工阶段:建议采用地层—结构模型进行施工模拟分析,采用荷载—结构模型进行检算。根据计算结果调整初期支护设计参数和二次衬砌施作时间,使设计参数满足结构安全性和稳定性要求,并保证开挖过程中的地面沉降满足设计要求。正常使用阶段:因为浅埋暗挖结构荷载比较明确,采用荷载—结构模型进行结构计算,根据计算结果对衬砌截面强度进行检算。

(3)施工过程中的现场监控设计。施工过程中加强监控量测工作,根据实测的变形值分析结构的稳定性,如果出现异常,及时调整支护参数。

第二节 案例分析

一、工程概况

北京地铁 9 号线军事博物馆站至白碓子站暗挖法区间线路穿越军博西路下方,区间埋深在 23~27m,穿越地层主要为砾岩层,地下水主要为潜水,水位位于隧道结构以上。区间沿线地势平缓,略有起伏,地面高程为 49.98~51.93m。沿线主要建筑有中华世纪坛、军事博物馆、博兴大厦等。

区间右线长度 508.935m,左线长度 511.218m。区间在军事博物馆站东端设置迂回风道。土层的物理力学指标见表 8-1。

土层的物理力学指标　　表 8-1

地质年代与成因	物理力学性质	天然密度 ρ (g/cm³)	静止侧压力系数 K_0	天然快剪 黏聚力 c(kPa)	天然快剪 摩擦角 φ(°)	压缩模量 E_s(MPa) $P_z \sim P_z+100$	压缩模量 E_s(MPa) $P_z \sim P_z+200$	基床系数(MPa/m) 垂直 (K_v)	基床系数(MPa/m) 水平 (K_H)	地基承载力特征值 f_{ak}(kPa)
人工堆积层	粉土填土①	1.91	—	10	12.0	7.8	8.8			
人工堆积层	杂填土①-1	—	—	0	10.0					
人工堆积层	细砂填土①-3	—	—	0	15.0					
第四纪沉积层	粉土③	1.89	0.3	26	20.2	10.6	11.9	40	45	180
第四纪沉积层	粉质黏土③-1	1.87	0.35	18	6.0	8.6	9.5	35	35	150
第四纪沉积层	粉土③-3	1.77	0.4	15	20	20.4	22.6	40	45	200
第四纪沉积层	黏土③-4	1.81	0.53	40	9	6.9	7.6	25	25	160
第四纪沉积层	细砂-粉砂④	—	0.40	0	28			27.5		200
第四纪沉积层	粉土④-2	1.98	0.43	10	32.5	16.3	20.1	25	27.5	220
第四纪沉积层	卵石-圆砾⑤	—	0.25	0	38			55		350
第四纪沉积层	细砂⑤-2	—	0.30	0	32	35		25		280
第四纪沉积层	粉质黏土⑥	2.01	0.312	20	6	11.7	12.7	35	40	200
第四纪沉积层	黏土⑥-1	1.80	0.35	30	12	9.0	9.2	25	25	200
第四纪沉积层	粉土⑥-2	—	0.222	15	20	13.2	14.8	45	42.5	240
第四纪沉积层	卵石-圆砾⑦	—	0.40	0	40	95	—	45		380
第四纪沉积层	细砂⑦-1	—	0.43	0	32	45		60		280

续上表

地质年代与成因	物理力学性质	天然密度 ρ (g/cm³)	静止侧压力系数 K_0	天然快剪 黏聚力 c(kPa)	天然快剪 摩擦角 φ(°)	压缩模量 E_s(MPa) $P_z \sim P_z+100$	压缩模量 E_s(MPa) $P_z \sim P_z+200$	基床系数 (MPa/m) 垂直 (K_V)	基床系数 (MPa/m) 水平 (K_H)	地基承载力特征值 f_{ak}(kPa)
第三纪岩层	砾岩⑪	2.09	—	60	36	45	—	75	—	350
第三纪岩层	砾岩⑪-1	2.08	—	80	45	75	—	85	—	600
第三纪岩层	黏土岩⑪-2	2.08	—	50	25	20	—	63.4	66.1	230
第三纪岩层	黏土岩⑪-3	2.07	—	60	32	30	—	65	65	280

二、结构设计及计算依据

(1)《北京地铁九号线工程军事博物馆站至白碓子站区间·岩土工程勘察报告》及电子文件

(2)《北京地铁九号线工程 1∶500 地形图(含管线图)》及电子文件

(3)北京地铁九号线工程设计总体组《北京地铁九号线工程施工图设计技术要求(试行稿)》

(4)北京有关部门对地铁九号线的会议文件

(5)北京地铁九号线工程设计总体单位《北京地铁九号线工程线路平面图、纵断面图》

(6)相关的国家标准与规范：

①《地铁设计规范》(GB50 57—2003)

②《铁路隧道设计规范》(TB 10003—2005)

③《锚杆喷射混凝土支护技术规范》(GB 50086—2001)

④《混凝土结构设计规范》(GB 50010—2002)(现已被 GB 50010—2010 替代)

⑤《建筑结构荷载规范》(GB 50009—2001)

⑥《建筑抗震设计规范》(GB 50011—2001)(现已被 GB 50011—2010 替代)

⑦《地下工程防水技术规范》(GB 50108—2008)

⑧《人民防空地下室设计规范》(GB 50038—2005)

三、结构设计标准

(1)区间隧道工程的设计使用年限为 100 年。

(2)区间隧道主要构件的安全等级为一级。

(3)区间隧道工程均按一级耐火等级设计。

(4)区间结构防水等级均为二级。

(5)区间人防等级按 5 级设防。

(6)地震按 8 度抗震设防,抗震等级为三级。

(7)二次衬砌混凝土裂缝控制等级为三级,即构件允许出现裂缝,裂缝宽度控制标准:迎土面≤0.2mm,其余≤0.3mm。

(8)结构抗浮安全系数不计侧壁摩阻力≥1.05,计侧壁摩阻力≥1.15。

四、结构计算内容

分别对施工阶段、使用阶段进行承载能力的计算和稳定性、变形及裂缝宽度验算,计算时的部分参数取值及注意事项如下：

(1) 结构的安全等级为一级，结构的重要性系数取 1.1。

(2) 结构按 8 度地震烈度进行抗震设防，并采取相应的构造措施，以提高结构的整体抗震性能。

(3) 结构设计按 5 级人防的抗力标准进行验算，并在规定的设防位置采取相应的构造措施。

(4) 结构抗浮验算按最不利情况进行，当不考虑侧壁摩阻力时，其抗浮安全系数应大于 1.05。

(5) 结构构件的设计应按承载力极限状态和正常使用极限状态分别进行计算，取其最不利组合进行设计。

(6) 结构设计应符合结构的实际工作条件和受力状态，切实反映结构与周围地层的相互作用。

五、结构设计与计算

(一) 结构尺寸的初步拟定

根据工程经验类比并结合现场工程地质环境，初步拟定结构断面支护设计参数如图 8-1~图 8-2 所示。

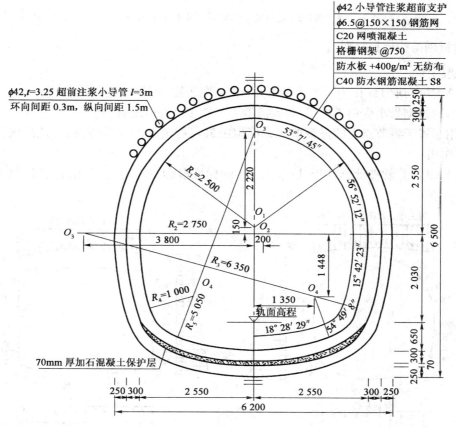

图 8-1　区间隧道标准断面结构示意图(尺寸单位：mm)

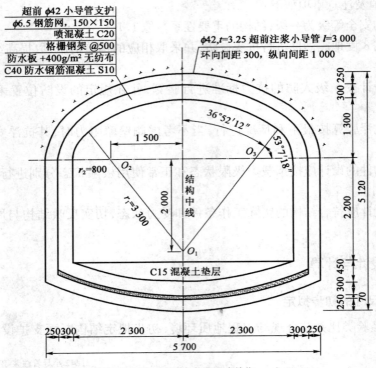

图 8-2 迂回风道断面图(尺寸单位:mm)

(二)衬砌结构计算模型

基本假定：

(1)结构纵向取 1m 作为一个计算单元,作为平面应变问题来近似处理。

(2)假定衬砌为小变形弹性梁,衬砌离散为足够多个等厚度直梁单元。

(3)用布置于各节点上的弹簧单元来模拟围岩与衬砌间的相互约束,即此反映围岩与结构的相互作用。

采用 SAP 计算软件计算分析,取纵向 1m 的标准段为一个计算单元,计算模型简图如图 8-3~图 8-4 所示。

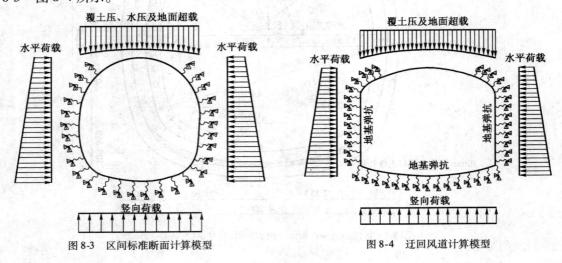

图 8-3 区间标准断面计算模型　　　　图 8-4 迂回风道计算模型

(三)荷载与荷载组合

计算时的荷载分类及取值见表 8-2,荷载组合与分项系数见表 8-3。

荷载分类及取值 表 8-2

荷载类型	荷载名称		荷载计算及取值
永久荷载	结构自重		按实际考虑
	地层压力	竖向压力	按计算截面以上全部土柱重力计算
		水平压力	主、被动土压力按朗金土压力公式计算
	水压力及浮力		按最不利地下水位计算静水压力及全部浮力
	混凝土收缩及徐变影响力		混凝土收缩的影响按降低温度的方法计算,对于整体浇筑的钢筋混凝土结构相当于降低温度15℃,对于分段浇筑的钢筋混凝土结构相当于降低10℃。混凝土徐变的影响按提高温度的方法计算
	地基下沉影响力		—
	侧向地层抗力及地基反力		侧向地层抗力及地基反力按结构形式及其在荷载作用下的约束变形、结构与地层刚度、施工方法等情况及土层性质,根据所采用的结构计算简图和计算方法加以确定
可变荷载	基本可变荷载		地面车辆荷载及其冲击力
	其他可变荷载	地面车辆引起的侧向力	按 20kN/m² 的均布荷载作用于地层上考虑
		地铁车辆荷载及其冲击力	地面车辆荷载按 20kN/m² 的均布荷载并不计冲击力的影响
		人群荷载	按 4kN/m² 的均布荷载标准值计算
	施工荷载	施工荷载	按 20kN/m² 考虑
		地面堆载	
		材料堆载	
偶然荷载	地震作用		按设防烈度 8 度考虑
	人防荷载		五级人防等效静载

荷载组合与分项系数 表 8-3

组合 \ 荷载种类	永久荷载	可变荷载	人防荷载	地震荷载
基本组合 1:永久荷载+基本可变荷载	1.35	1.4	—	—
标准组合 2:永久荷载+基本可变荷载	1.0	1.0	—	—
偶然组合 3:永久荷载+地震荷载	1.2	1.0	—	1.3
偶然组合 4:永久荷载+人防荷载	1.2	1.0	1.0	—

(四)结构内力计算结果与配筋

(1)区间标准断面

分别按最高水位(抗浮设防水位 45.20m)及现状水位(38.77m)两种情况进行了计算,内力分布如图 8-5 和图 8-6 所示,典型断面内力值及配筋见表 8-4 和表 8-5。经过验算,配筋均由基本组合控制。

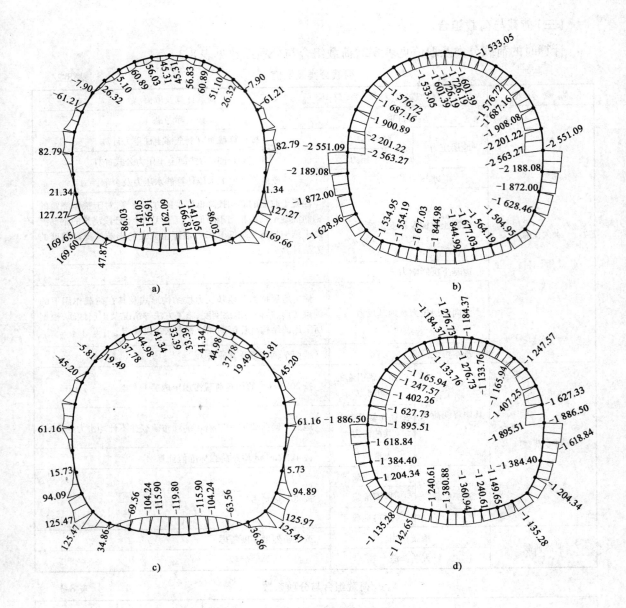

图 8-5 标准断面最高水位时的内力分布图

a)基本组合弯矩图(单位:kN·m);b)基本组合轴力图(单位:kN);c)标准组合弯矩图(单位:kN·m);d)标准组合轴力图(单位:kN)

标准断面最高水位时典型断面的内力及配筋设计参数表　　　　表 8-4

位　　置	基本组合		标准组合		配筋设计	裂缝宽度(mm)
	弯矩 (kN·m)	轴力 (kN)	弯矩 (kN·m)	轴力 (kN)		
拱顶	45.31	1840.96	33.39	1276.73	2φ22	0
拱肩	105.88	1534.95	78.23	1627.73	2φ22	0
拱脚	169.65	2201.22	125.47	1135.28	4φ22	0
仰拱	162.09	1726.19	119.80	1361.96	3φ22	0

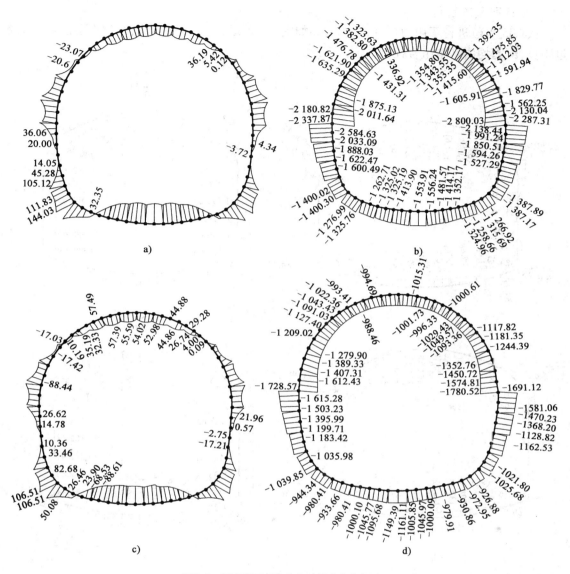

图 8-6 标准断面现状水位时的内力分布图

a) 基本组合弯矩图(单位:kN·m); b) 基本组合轴力图(单位:kN); c) 标准组合弯矩图(单位:kN·m); d) 标准组合轴力图(单位:kN)

标准断面现状水位时典型断面的内力及配筋设计参数表　　　表 8-5

位 置	基 本 组 合		标 准 组 合		配筋设计	裂缝宽度(mm)
	弯矩 (kN·m)	轴力 (kN)	弯矩 (kN·m)	轴力 (kN)		
拱顶	75.27	1 450.77	55.59	1 072.69	2φ22	0
拱肩	119.68	1 962.25	88.44	1 352.76	2φ22	0
拱脚	144.03	1 387.17	106.51	1 025.68	3φ22	0
仰拱	144.38	1 553.91	106.71	1 149.39	3φ22	0

(2)迂回风道断面

按最高水位进行了内力计算,内力分布如图 8-7 所示,典型断面内力值及配筋见表 8-6,经过验算,配筋均由基本组合控制。

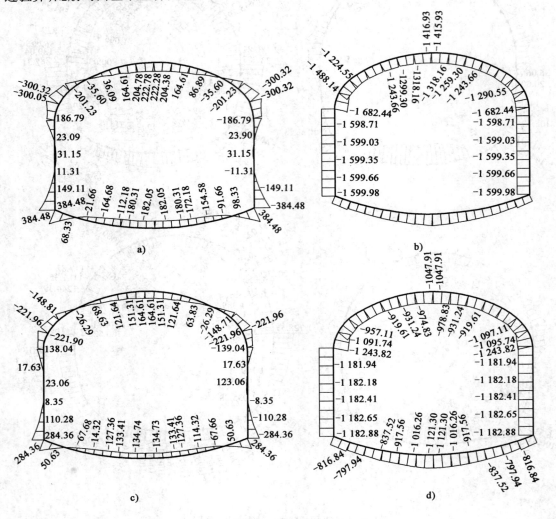

图 8-7 迂回风道断面内力分布图

a)基本组合弯矩图(单位:kN·m);b)基本组合轴力图(单位:kN);c)标准组合弯矩图(单位:kN·m);d)标准组合轴力图(单位:kN)

迂回风道断面设计参数表　　　　　　　　　　表 8-6

位 置	基 本 组 合		标 准 组 合		配筋设计	裂缝宽度(mm)
	弯矩(kN·m)	轴力(kN)	弯矩(kN·m)	轴力(kN)		
拱顶	222.78	1 416.93	164.61	1 047.91	7φ22	0.15
拱肩	300.32	1 482.14	221.96	1 095.74	10φ22	0.17
拱脚	384.48	1 104.47	284.36	816.84	14φ22	0.18
仰拱	182.05	1 516.61	134.73	1 121.3	5φ22	0

六、施工方法

区间标准断面采用台阶法施工。f5地裂缝段、人防段大断面采用"CRD"工法施工。隧道施工前先进行地面井点降水,井点降水深度应在结构底板以下1m。降水设计时应充分考虑降水对地表及沿线周边建筑物的影响,应对地表及周边建筑物加强沉降监测,并反馈到降水施工中;对此应制定应急预案,若地表降水对地表及沿线周边建筑物造成的沉降超过允许值,应立即停止地表降水,并采取必要措施保证沿线周边建筑物的稳定性及行车安全。降水的施工工艺和降水井的成井结构应根据地层条件确定,严禁使用泥浆钻进成孔,杜绝降水涌沙现象。

七、结构防水设计

(1)防水设计原则:浅埋暗挖法区间防水设计应遵循"以防为主,刚柔结合,多道设防,因地制宜,综合治理"的原则。强调结构自防水,首先应保证钢筋混凝土结构的自防水能力。为此应采取有效技术措施,保证防水混凝土达到规范规定的密实性、抗渗性、抗裂性、防腐性和耐久性。加强变形缝、施工缝、预埋件、预留孔洞、各型接头、各种结构断面接口等细部结构的防水措施。

(2)防水标准:区间隧道防水等级为二级,顶部不允许滴漏,其他不允许漏水,结构表面可有少量湿渍。

(3)根据本工程的地层情况,结构防水构造如图8-8所示:

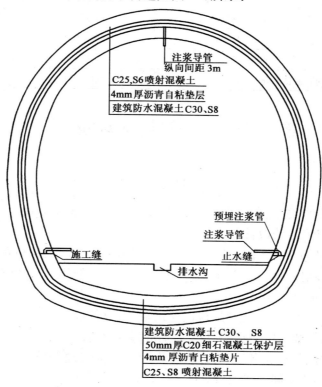

图8-8 暗挖隧道标准断面防水构造图

第九章 盾构区间隧道结构

本章通过实例介绍盾构法区间隧道结构的设计过程。

第一节 工程概况

某地铁线路的区间隧道穿越老城区,地表建筑物多且属于老建筑,易被盾构施工影响。盾构隧道穿越的地层地质变化较大,土性差异比较大。在线路走向范围内,近距离经过一座桥和一高层建筑。桥为 φ1 000mm 钻孔灌注桩,桩长 41m,桩长 32.61～27.61m,桩底高程 −25.0～−30.0m。盾构法区间隧道工程概况见表 9-1。

某线路的区间隧道工程概况　　　　表 9-1

区 间	工 程 名 称	长 度(m)	备 注
上行线	区间隧道	1 002.175	—
	联络通道(兼泵站)	12	含通道、泵站、压力排水管
下行线	区间隧道	1 002.036	短链 0.139m
	联络通道(兼泵站)	12	含通道、泵站、压力排水管
区间隧道总长(m)		2 004.211	—

第二节 设计原则与技术标准

一、设计原则

(1)应满足城市规划、地铁运营和施工工艺要求,尽可能减小对周边环境、地面交通的影响,减少建筑物拆迁和管线改移。

(2)应满足城市规划、列车运营、施工、防水和防腐蚀等要求,结构在施工和使用期间应具有足够的强度、刚度、稳定性和耐久性,并满足结构 100 年使用年限,结构安全等级为一级,结构重要性系数为 1.1。

(3)区间隧道内净空尺寸应满足地铁建筑限界、设备布置、施工工艺等要求,并应考虑施工误差、结构变形、拼装移位、测量误差及后期沉降等影响。

(4)根据地质条件、区位环境、周边建筑及管线、道路交通等情况,合理选择施工方法和结构形式,尽量减少施工期间和建成后对环境造成的不利影响。

(5)采取相应的抗震构造措施,提高结构的整体抗震性能。

(6)结构防水应满足国家颁布的有关地下工程防水技术规范的规定,地铁区间隧道防水等级为二级。

(7)混凝土结构允许裂缝开展,最大裂缝宽度允许值为0.2mm。

(8)盾构区间隧道顶部覆盖层厚度以及平行或立体交叉隧道之间的净距,应根据地层特性、盾构类型和施工方法等合理确定,且一般不小于一倍的盾构隧道外轮廓直径,困难地段可以适当减少,但在设计和施工中要采取可靠的技术措施确保安全。

二、技术标准

(1)区间隧道的结构设计应保证结构具有足够的耐久性,确保100年的使用寿命。

(2)区间隧道在线路坡度最低点设置排水泵站,主要排除结构渗水及隧道冲洗和消防废水。

(3)结构设计时按荷载的短期效应组合并考虑长期效应组合的影响验算最大裂缝宽度不大于0.2mm。

(4)隧道直径变形<2‰D,纵缝张开量1~2mm。

(5)施工阶段抗浮安全系数大于1.05,正常运营阶段抗浮安全系数大于1.1。

(6)盾构区间隧道结构防水等级为二级。

(7)结构按抗震设防烈度7度进行验算,并采取相应的构造措施。

(8)人防设计按6级抗力等级人防荷载进行结构强度验算。

第三节 盾构法区间隧道设计

一、区间隧道平纵断面布置

1.线路平面设计原则

(1)线路平面应满足规划对隧道的控制要求。

(2)线路平面应尽量避免对两侧地表控制性建筑的影响,减少拆迁工程量,减少对既有地下管线、地下构筑物的影响。

(3)线路平面的位置应充分考虑施工方法的要求。

(4)线路平面在满足各种技术标准的前提下,尽可能采用较高的平面线形指标,保证具有流畅的线形。

2.线路平面设计

区间上下行线分布三段平面曲线,曲线半径分别为500m、500m、2 000m。

3.线路纵断面设计

区间线路采用高站位,低区间的"V"形节能坡,最大纵坡20.2‰,变坡点处设竖曲线,竖曲线半径为3 000m、5000m;隧道埋深在6.36~15.96m。

二、区间隧道衬砌结构设计

(一)区间衬砌结构设计现状

国内地铁盾构隧道管片构造设计主要有以下特点:

(1)管片内径、厚度、榫槽设置具有区域特征:地质条件较好地区管片内径采用ϕ5 400mm,

厚度为300mm,无榫槽;软土地区管片内径采用φ5 500mm,厚度为350mm,设置榫槽。

(2)管片皆采用6分块,主要采用错缝拼装,弯螺栓连接,曲线拟合采用三维排版,不贴楔形衬垫。

(3)管片采用宽度主要有1 200mm或1 500mm两种。

(4)衬砌环组合一般采用直线、左转弯、右转弯组合,为简化管片类型,已开始采用通用衬砌环,如宁波地铁1号线1期工程。

(5)管片环缝皆设置衬垫,纵缝已开始试验取消衬垫,减少施工环节,降低造价。

对国内几个典型城市地铁线路的区间隧道管片设计进行比较,见表9-2。

区间隧道管片构造设计实际工程情况列表　　　　　　　　　　表9-2

项 目		广州	上海	南京	深圳
构造设计	内径(mm)	φ5 400	φ5 500	φ5 500	φ5 400
	厚度(mm)	300	350	350	300
	分块	6块	6块	6块	6块
	宽度(mm)	1 200、1 500	1 000	1 200	1 200
	拼装方式	错缝拼装	通缝拼装	错缝拼装	错缝拼装
	接触面构造	无榫槽	环、纵缝触面设置榫槽	仅纵缝接触面设置	无榫槽
	衬垫设置	环缝皆设置衬垫;部分工程纵缝不设置衬垫	环、纵缝皆设置衬垫	环、纵缝皆设置衬垫	环、纵缝皆设置衬垫
	衬砌环组合形式	直线、左转弯、右转弯;进行通用衬砌环试验	直线、左转弯、右转弯	直线、左转弯、右转弯	直线、左转弯、右转弯;通用衬砌环
	曲线拟合	三维排版,不贴楔形衬垫	平曲线:平面排版竖曲线:粘贴楔形衬垫	三维排版,不贴楔形衬垫	三维排版,不贴楔形衬垫
	连接	弯螺栓连接	直螺栓连接	弯螺栓连接	弯螺栓连接
	结构防水	水膨胀橡胶、三元乙丙	氯丁橡胶或三元乙丙和水膨胀橡胶复合型	复合型或三元乙丙	复合型

(二)管片构造设计参数选择

1. 管片内径

隧道内径的确定主要取决于地铁限界(包括车辆限界、设备限界、受电弓限界、建筑限界等),同时还考虑施工误差、测量误差、设计拟合误差、不均匀沉降等因素。国内隧道内径主要采用两种方案:φ5 400mm和φ5 500mm。具体比较见表9-3。

隧道内径比较表(单位:mm)　　　　　　　　　　　　　　　　　　　　　表 9-3

尺寸 项目	广州地铁 1、2号线	北京地铁5号线	上海地铁1号线	南京地铁 一期工程
建筑限界	φ5 200	φ5 200	φ5 200	φ5 200
线路拟合误差	±10,局部±20	±10,局部±20	±10,局部±20	±10,局部±20
轴线施工偏差	±80	±80	±80	±80
后期不均匀沉降			±50	±50
隧道内径	φ5 400	φ5 400	φ5 500	φ5 500

工程实践表明,软土地区圆形区间隧道采用 φ5 500mm 管片内径,地层较好地区采用 φ5 400mm 管片内径。本工程隧道主要处于软土地层,选用内径为 φ5 500mm 的管片。

2. 管片厚度

管片厚度的选择除结构计算分析外,通常还要考虑城市地铁沿线环境并不稳定,新建建筑基础附加荷载、降水引起的水压降低都对管片结构造成不利的影响,管片结构需保留一定安全储备。通常软土地区管片的厚度采用 350mm,地层较好地区管片的厚度采用 300mm。本工程选用厚度为 350mm 的管片。

3. 管片宽度

国内外已建成的地铁盾构隧道管片宽度主要有 1m、1.2m 和 1.5m 三种。其详细比较见表 9-4。

隧道管片宽度比较表　　　　　　　　　　　　　　　　　　　　　表 9-4

项　目	1.0m 宽管片	1.2m 宽管片	1.5m 宽管片
国内应用情况	上海地铁1、2号线; 南京地铁试验段	广州地铁1号线;南京地铁 1号线;北京地铁5号线	广州地铁2号线
国外应用情况	日本、欧洲常用	日本、欧洲常用	近年来欧洲较常用
结构受力	横截面受力:与管片宽度关系不大; 局部抗压:随着管片的加宽,千斤顶的推力加大,但对于平板型管片,局部抗压皆能满足要求; 施工荷载影响:施工中千斤顶的偏心、管片纠偏造成的附加荷载随着管片的加宽,其不利影响加大; 纵向受力:随着管片的加宽,整体刚度变大,而且整个区间的环向接缝变少,对于控制纵向不均匀沉降有利。但环间接缝受力变大		
结构防水	随着管片的加宽,整个区间的环向接缝变少,有利于隧道防水		
经济性	管片越宽,接缝越少,防水材料、钢筋、螺栓用量越省。但由于管片加重,对吊装有更高的要求		
盾构机灵敏度	随着管片的加宽,盾构机加长,灵敏度降低		
施工效率	在整个施工系统配备合适的情况下,管片加宽,有利于提高施工进度		
水平运输系统	简单	较简单	要求高,价格高
垂直运输系统	简单	较简单	要求高,价格高

从以上比较可以看出,随着设计、施工经验的成熟,管片宽度有逐渐增大的趋势,可以采用 1.2~1.5m 宽度的管片。管片宽度增大能够减少管片接缝的数量,以减少防水材料和连接件用量,并能加快施工进度,提高施工效率,利于区间防水。但管片加宽至 1.5m,对施工管理、后

配套系统有更高要求,鉴于1.5m宽度的管片地区应用的经验较少(广州地铁2号线),一般设计宜优先考虑采用1.2m宽度管片。本工程选用宽度为1.2m的管片。

4. 管片分块

减少管片分块数量可以减少部分纵向接缝。但分块数减少,对于管片的运输、拼装难度增大,而且管片若采用四、五分块,手孔设计难度大,封顶块的拼装方式需要采用径向插入式,受力较差。因此管片常规设计宜采用六分块方案。本工程也选用六分块方案。

5. 管片拼装方式

环间拼装方式有通缝拼装和错缝拼装两种。通缝拼装施工简单,错缝拼装可提高管片接缝刚度和改善接缝防水性能,但若管片制作及拼装精度不够理想,施工中管片易破裂。

在国内,除上海地铁1、2号线鉴于当时的技术考虑,采用了通缝拼装外,其余城市的地铁区间隧道皆采用错缝拼装。采用错缝后,通过管片的扭转造成多种楔形组合,通过三维排版,不需要设置楔形衬垫就能够模拟平、竖曲线,既能够减少施工环节,也利于区间防水和降低造价。

综合上述因素,管片拼装选用错缝拼装。

6. 管片连接

管片块间通常采用弯螺栓连接,环向螺栓和纵向螺栓设计考虑为通用。本工程也采用通用弯螺栓。

7. 接触面构造

管片接触面构造包括密封垫槽、嵌缝槽及凸凹榫的设计,其中前两者为通用的构造形式。

8. 衬垫设置

在国内的管片设计中为控制管片开裂,环纵缝一般皆设置缓冲衬垫。《地铁设计规范》中有明确要求:环缝宜设置缓冲衬垫;纵缝宜设置缓冲衬垫。

从结构受力和施工工艺考虑,因管片环缝受到千斤顶推力的作用,需设置衬垫。

从经济角度考虑,取消纵缝的缓冲衬垫,能够节约造价,减少施工环节。

因此管片设计可考虑仅在管片环缝设置缓冲衬垫。

9. 衬砌环组合形式

为了满足区间隧道线路模拟的需要,必须选择合适的衬砌环的形式,组合形式比较见表9-5。

隧道衬砌环组合形式列表　　　　表9-5

方　法	特　点
直线、左转弯、右转弯	直线地段除施工纠偏外,多采用标准衬砌环;曲线地段可通过标准衬砌环与左、右转弯衬砌环组合使用以模拟曲线。施工方便,操作简单
左转弯、右转弯	通过左转弯环、右转弯环组合来拟和线路。由于每环均为楔形,拼装时施工操作相对麻烦一些。欧洲常采用,国内地铁区间未采用
通用衬砌环	通过一种楔形环管片模拟直线、曲线及施工纠偏。管片排版时,衬砌环需扭转多种角度,封顶块有时位于隧道下半部,管片拼装相对复杂,国内深圳地铁华强路站—岗厦站盾构区间、广州地铁越秀公园—三元里区间有采用

按照国内施工经验,常采用三种衬砌环组合来进行线路的模拟。但随着盾构机性能的提高和设计施工的细化,通用衬砌环具有一定的优势。本工程选用"直线+左转弯+右转弯"衬砌环组合形式。

10.楔形量的确定

通用衬砌环采用双面楔形,考虑地区城市地铁的长期建设需求,楔形量宜按适应线路最小曲线半径300m并满足错缝拼装的要求来确定,线路的拟合误差应控制在10mm以内。

楔形量的确定必须考虑管片扭转前、扭转不同角度后形成错缝条件下的多种组合情况。可进行试算并采用三维排版拟合,从而最终确定合适的楔形量。

11.封顶块拼装方式

管片封顶块的拼装方式直接影响盾构机的长度和灵敏性。封顶块插入时搭接长度越大,千斤顶行程越小,盾构机长度越短。

设计时应结合管片的参数和拼装要求,具体确定封顶块拼装方式,并应着眼于为下一步的盾构机制造中减小长度创造有利条件。

(三)衬砌环结构计算与设计

1.荷载计算原则

(1)结构计算采用的力学模型应符合衬砌结构的实际受力状态。

(2)结构计算时,分别就施工阶段、正常运营阶段可能出现的最不利荷载组合进行结构强度、刚度和裂缝宽度验算。

(3)应根据地质、水文条件的不同,分段进行计算。

(4)结构安全等级为一级,重要性系数取1.1。

计算中主要考虑的荷载有永久荷载、可变荷载、偶然荷载等,具体见表9-6。衬砌圆环荷载简图如图9-1所示。

区间隧道荷载分类 表9-6

荷载分类		荷载名称
永久荷载		结构自重
		地层压力(地下水位以上,天然重度;地下水位以下,浮重度)
		隧道上部和破坏棱体范围的设施及建筑物压力
		静水压力及浮力
		设备重力
		地基下沉影响力
		侧向地层抗力及地基反力
可变荷载	基本可变荷载	地面车辆荷载
		地面车辆荷载引起的侧向土压力
		隧道内部荷载(车辆荷载、行人荷载等)
	其他可变荷载	施工荷载(设备运输及吊装荷载、施工机具及人群荷载、相邻工程施工的影响、不均匀注浆压力、盾构法施工的千斤顶压力、温度变化影响等)
偶然荷载		地震作用
		人防荷载

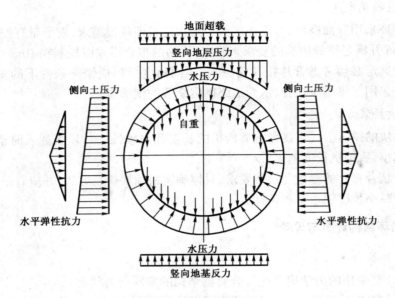

图 9-1 衬砌圆环荷载简图

2. 隧道横断面计算

结构设计时,荷载组合选用"永久荷载+基本可变荷载"、"永久荷载+一种偶然荷载"、"永久荷载+其他可变荷载"三种组合,对施工和正常使用阶段进行管片结构承载力和裂缝宽度计算。地震等偶然荷载作用时,不验算结构的裂缝宽度。隧道横断面计算工况见表9-7。

隧道横断面计算工况   表 9-7

工 况	工 况 描 述		荷 载 组 合
1	拼装就位阶段	浅埋段	荷载效应的基本组合 荷载效应的标准组合 荷载效应的准永久组合
1a		中埋段	
1b		深埋段	
2	正常运营阶段	车辆荷载	
2a		温度变化	
3	地震作用	浅埋段	荷载效应的偶然组合
3a		中埋段	
3b		深埋段	
4		六级人防荷载	

3. 管片受力计算模式

抗剪刚度 K_r 和切向抗剪刚度 K_t 来体现纵向接头的环间传力效果。考虑设计区间的埋深及环境情况,采取分段配筋:按埋深 $H=10\text{m}$、$H=15\text{m}$、$H=20\text{m}$ 三种工况进行计算。用三维弹性铰圆环模型进行计算,用匀质圆环模型进行验算复核。计算模型如图 9-2 所示。

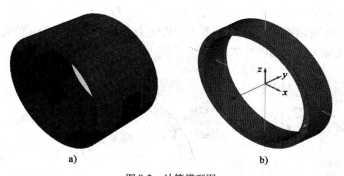

图9-2 计算模型图
a)弹性铰圆环模型;b)匀质圆环计算模型

(四)本工程衬砌圆环设计方案

1.衬砌圆环构造确定

根据本工程的具体情况和上述分析,衬砌圆环构造见表9-8。

衬砌圆环构造 表9-8

项 目	构 造	说 明
管片内径	φ5 500mm	—
管片厚度	350mm	—
管片宽度	1 200mm	—
管片分块	六块	一个小封顶块、两个邻接块、三个标准块
管片拼装方式	错缝拼装	
封顶块插入方式	径向插入结合纵向插入式	先搭接700mm 径向推上,再纵向插入
管片连接	弯螺栓连接	环向:2 个 M30 螺栓;纵向:16 个 M30 螺栓
榫槽设置	环、纵缝设凸凹榫	—
衬砌环类型	标准衬砌环 + 左、右转弯衬砌环	联络通道处设特殊衬砌环

2.衬砌圆环设计图

标准环、左转弯和右转弯衬砌圆环结构图如图9-3 ~ 图9-5 所示。

三、联络通道及泵站设计

(一)设计概况

联络通道作为灾害情况下的重要逃生通道,《地铁设计规范》规定:"单线区间隧道之间,当隧道连贯长度大于600m时,应设联络通道,并在通道两端设双向开启的甲级防火门",国外相关的规范中均有类似的规定。

联络通道一般位于各段区间隧道的中部,其位置应选在地面交通量和地下管线较少处,以减少施工时的困难。地铁盾构隧道工程中常将其与地下泵站的建设结合起来,其基本构造形式有全贯通式、上行侧式泵站、下行侧式泵站、上下行侧式泵站和深井侧式泵站等 5 种形式（图 9-6）。一般,联络通道断面可以做成矩形,从受力有利的角度,也叫做成圆形和直墙拱型。常见的联络通道(泵站)示意如图 9-7 所示。

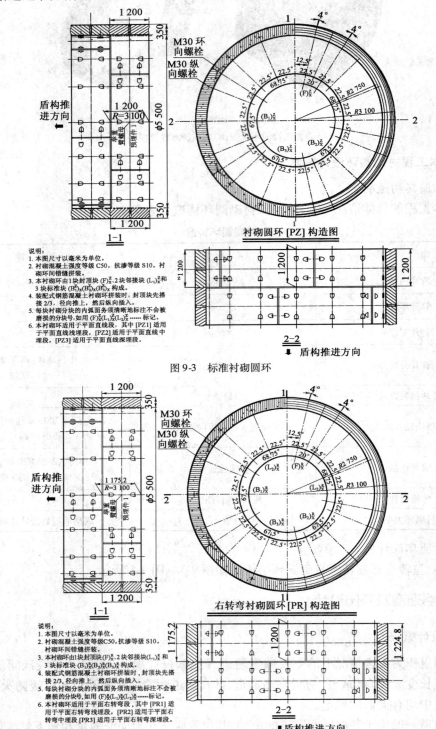

图 9-3　标准衬砌圆环

图 9-4　右转弯衬砌圆环

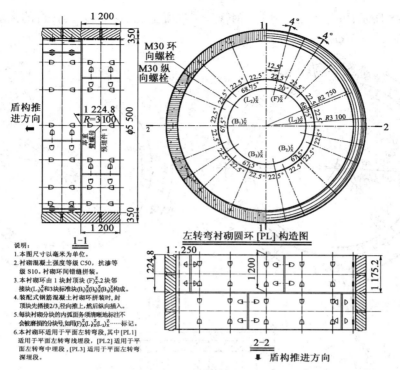

图 9-5 左转弯衬砌圆环

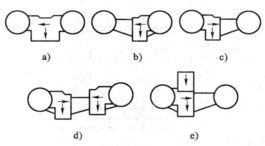

图 9-6 联络通道与泵站合建的形式图

a) 全通式联络通道；b) 上行侧式泵站；c) 下行侧式泵站；d) 上下行侧式泵站；e) 深井侧式泵站

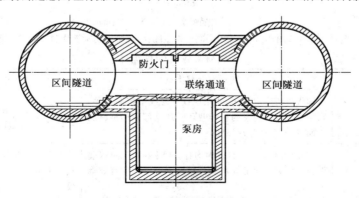

图 9-7 区间联络通道示意图

联络通道通常需要在连续两环管片一侧开口进洞施工。为满足施工工艺和结构受力的要求，这两环管片通常采取与标准环管片不同的构造形式和制造工艺，称其为特殊环管片，常见特殊管片如图9-8所示,可分为钢管片环、钢管片+混凝土、混凝土等,其各自的优缺点见表9-9。

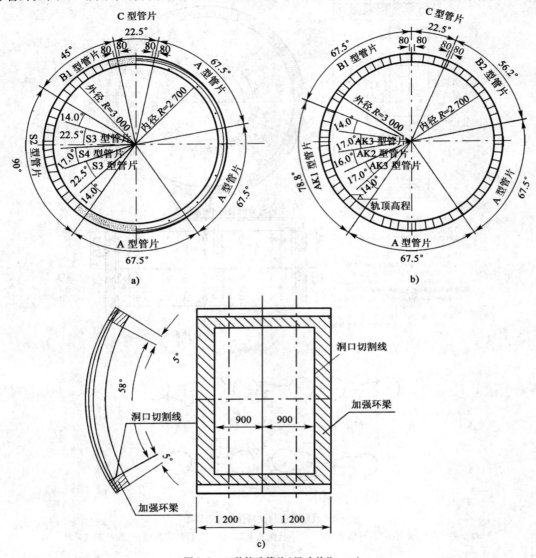

图9-8 三种特殊管片(尺寸单位:mm)
a)钢管片环构造图;b)钢管片+混凝土构造图;c)混凝土切割管片洞口加强构造

特殊环管片的种类 表9-9

种　类	应用情况及其优点	应用中的问题
钢管片环	国内外曾广泛应用,北京地铁5号线中普遍采用。联络通道设计位置的相邻两环管片全部采用钢材加工而成,开口环管片强度高	钢管片加工精度要求高,造价高;防腐防锈处理难度大,影响结构耐久性
钢管片+混凝土管片环	在北京地铁4、10号线中均有应用。拼装通过提前调整盾构姿态保证开口就位精度。较钢管片有效降低了造价	开口管片和与其相连的邻接块圆心角与混凝土管片不同,无法利用既有模具生产,耐久性仍难保证
混凝土切割管片	在国内外地铁项目中应用逐渐增多。这种方式造价较为低廉;采取现场切割的办法形成洞口,对管片拼装就位精度没有特殊要求,开洞灵活	管片切割时,需架设临时支撑,以保证施工期间盾构隧道的稳定

特殊衬砌环管片宜采用钢筋混凝土材料制造,以提高构件耐久性,方便生产、拼装,降低工程造价。钢管片强度较高,且可以预制洞口,将洞口封堵块拆卸之后就可进洞开挖;钢管片纵向螺栓孔数量比混凝土管片增加一倍,既可以提高钢管片之间的连接强度,又可以提高开口就位精度。但是,由于钢管片采用与标准环混凝土管片相同的构造和精度,其加工精度达到了模版级,造价昂贵,大量使用很不经济;另外,钢管片防腐防锈处理难度高,实际效果不理想。

结合钢筋混凝土和钢管片各自的优缺点,特殊衬砌环管片可优化成"钢管片 + 混凝土管片"的组合形式。开口管片和与其相连的邻接块圆心角与混凝土管片不同,无法利用既有模具生产,仍采用钢材加工,其他管片使用混凝土管片代替。

特殊环管片采用与标准环相同的环宽、壁厚、内外径以及大致相同的分块角度,可以满足盾构机的掘进和拼装要求,并保证隧道限界的平顺。采用相同的管片端面构造,拼装时可以使用通用的连接构件和防水材料,并保证接缝质量。

(二)区间联络通道设计图

为了满足区间防灾和排水的要求,该区间在最低处设置 1 个联络通道,与泵站合建。联络通道尺寸为 $2.5m \times 2.6m$,废水泵站有效容积按 $15m^3$ 设计。采用复合式衬砌,250mm 厚 C20 喷射混凝土作为初期支护;二次衬砌采用 450mm 厚 C30 模筑防水混凝土。区间上下行线隧道中心线以内,隧道顶以上 3m,泵站底下 3m 或隧道底以下 3m 范围内均采用冷冻法加固。在区间正线隧道与联络通道交界处设四环开口衬砌环特殊管片。通道洞门采用混凝土管片和钢管片相结合的衬砌环结构的复合管片。联络通道及泵站结构设计图如图 9-9 所示。

四、端头井及盾构进出洞预埋件的结构设计

(一)盾构端头井加固设计

1. 地基加固方法

该区间盾构出洞位置地层上部为黏质粉土夹砂质粉土③-3、粉砂夹砂质粉土③-52,下部为淤泥质粉质黏土⑥-1;盾构进洞位置地层上部为黏质粉土夹砂质粉土③-3、粉砂夹砂质粉土③-51,下部为淤泥质粉质黏土⑥-1。因此对两端头井采取高压旋喷桩进行加固。加固后的土体,应有良好的均匀性、自立性、止水性,其无侧限抗压强度为 1.2MPa,渗透系数 $\leq 1.0 \times 10^{-8} cm/s$。

2. 地基加固范围

经计算和工程经验,盾构出洞加固长度一般为 9m,加固宽度为盾构外径两侧 3m 和底部 3m。盾构进洞加固长度一般为 6m,加固宽度为盾构外径两侧 3m 和底部 3m。盾构出洞土体加固示意图如图 9-10 所示,盾构进洞土体加固示意图如图 9-11 所示。

(二)盾构进出洞预埋件结构设计

为保证盾构隧道洞门的防水和与车站后期的连接。盾构进出洞预埋件结构设计至关重要,图 9-12 为盾构进出洞预埋件结构设计图,图 9-13 为进出洞预埋件钢环图。

五、盾构隧道防水设计

(一)衬砌外注浆防水

因盾构施工的特点,在衬砌管片与天然土体之间存在环形空隙,通过同步注浆与二次注浆充填空隙,形成一道外围防水层,有利于区间隧道的防水。

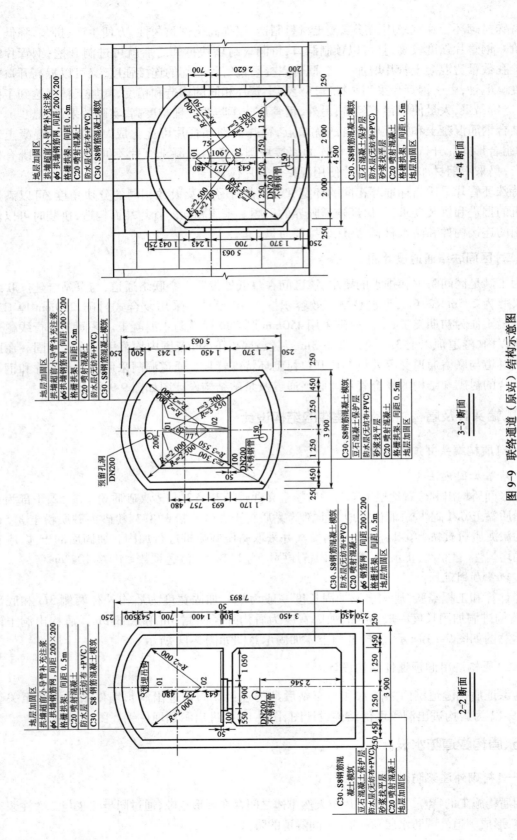

图 9-9 联络通道（原站）结构示意图

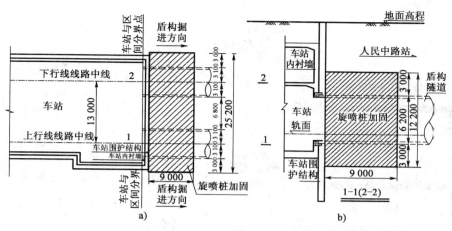

图 9-10 盾构出洞土体加固示意图(尺寸单位:mm)
a)平面图;b)剖面图

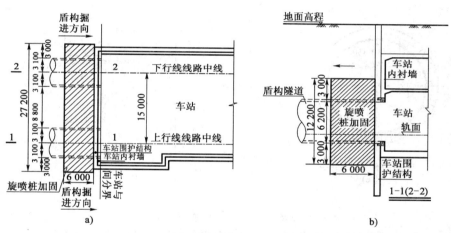

图 9-11 盾构进洞土体加固示意图(尺寸单位:mm)
a)平面图;b)剖面图

同步注浆采用水泥砂浆,在管片拼装完成后进行;二次注浆主要采用水泥浆,但在隧道开挖对地表建筑物或管线影响较大地段,为即时回填空隙,减小地面沉降,可选择速凝型的双液浆(水泥+水玻璃浆液)。为避免浆材硬化收缩,从防水角度考虑,所有的注浆材料皆宜掺加一定量的微膨胀剂。

(二)管片接缝防水

管片接缝防水示意图如图 9-14 所示。

(三)弹性密封垫防水

弹性密封垫的材料选择首先应能满足防水要求的各项技术指标。目前国内、国际采用的材料大体分为三种:遇水膨胀橡胶、三元乙丙橡胶和氯丁橡胶;此外,还发展有三元乙丙橡胶与水膨胀橡胶的复合型。本区间防水材料推荐采用三元乙丙橡胶弹性密封垫与水膨胀橡胶的复合型。弹性密封垫防水构造图如图 9-15 所示。

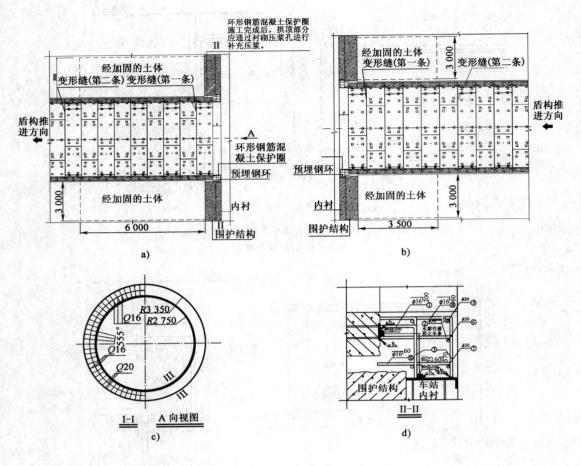

图 9-12 盾构进出洞结构连接图(尺寸单位:mm)
a)盾构出洞处连接构造图;b)盾构进洞处连接构造图;c)I-IA 视图;d)II-II

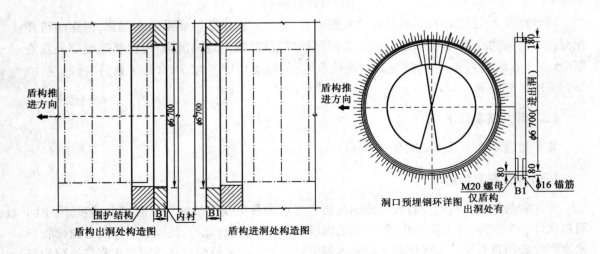

图 9-13 进出洞预埋件钢环图

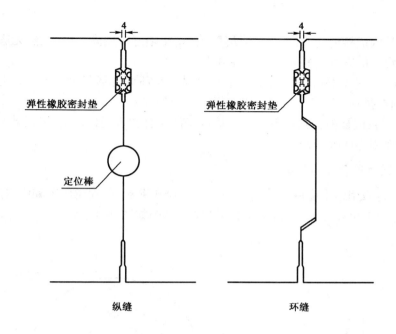

图 9-14 衬砌接缝防水构造图

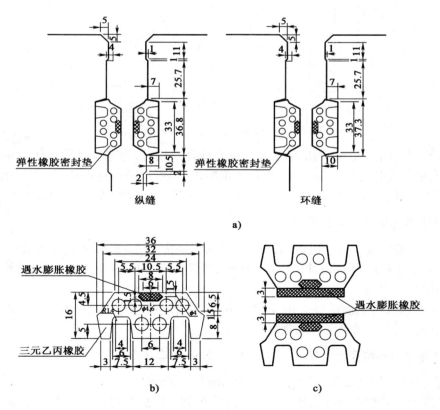

图 9-15 弹性密封垫防水构造图（尺寸单位：cm）
a）弹性密封垫防水构造图；b）弹性密封垫断面构造图；c）变形封弹性密封垫断面图

(四)嵌缝防水

嵌缝防水是构成接缝防水的第二道防线。在密封垫寿命期满之后,虽然无法更新密封垫,但作为内道防水线的嵌缝材料是容易剔除并重新嵌填的。

(1)嵌缝范围:进出洞段20环、联络通道两侧各5环等变形量大的衬砌环段进行整环嵌填,其余区段则在拱顶45°范围和拱底90°范围内嵌填的。

(2)嵌缝材料:嵌缝槽密封材料内部嵌填可采用聚合物水泥(如氯丁胶乳水泥砂浆),材料与混凝土结合面用界面处理剂进行处理。

(五)螺栓孔及吊装孔的防水

螺栓孔防水:采用遇水膨胀橡胶密封圈作为螺栓孔密封圈,利用压密和膨胀双重作用加强防水,而且材料到期可以更换。环向(纵向)垫圈示意图如图9-16所示。

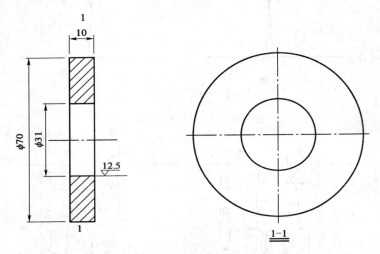

图9-16 环向垫圈(纵向垫圈)(尺寸单位:mm)

吊装孔(注浆孔)防水:当吊装孔和注浆孔结合使用时,为减少注浆孔作为隧道渗水的薄弱环节,在吊装孔的管片外侧留50mm的素混凝土,当需要进行衬砌背后二次注浆时,将吊装孔素混凝土破开,作为注浆孔使用。注浆孔设置一道水膨胀螺孔密封圈加强防水。

(六)隧道与车站端头井的防水

隧道与竖井的接头防水包括:施工阶段的临时接头与竣工后的永久接头的防水。

(1)临时接头主要由帘布橡胶圈及其紧固装置构成,辅以井圈注浆堵水,盾构出洞防水结构示意如图9-17所示。

(2)永久接头为钢筋混凝土井圈,它与井壁、管片的接缝应预设全断面出浆的注浆管与单组分聚氨酯密封胶等多道柔性防水材料。

(七)隧道与联络通道的防水

隧道与联络通道(泵站)防水结构设计如图9-18所示。

联络通道与盾构区间接头处是防水的薄弱环节。根据国内地铁的成功经验,防水板在与盾构管片相接处应进行收口处理。采用遇水膨胀橡胶止水条和外贴式止水带,并通过注浆管对节点处外围地层进行注浆止水。

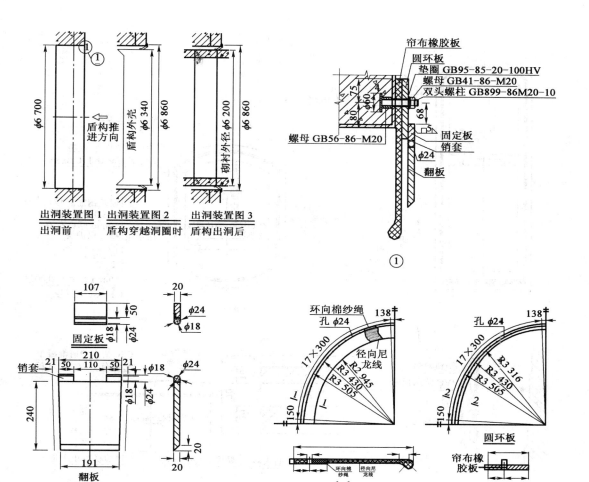

图 9-17 盾构出洞防水结构示意图(尺寸单位:mm)

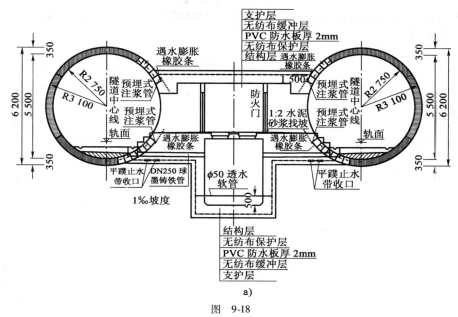

图 9-18

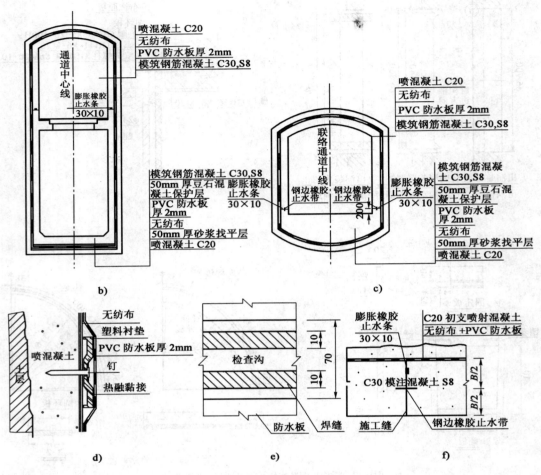

图 9-18 泵站断面防水示意图(尺寸单位:mm)

a)联络通道(泵站)防水设计;b)泵站断面防水示意图;c)联络通道断面示意图;d)铺设防水板示意图;e)防水板焊接示意图;f)施工缝防水图

第十章 车辆段设计

第一节 设计阶段与设计内容

一、设计阶段及主要目标

车辆段可纳入整个地铁工程的一部分也可单独编制,根据国家有关规定,参照相关行业标准,结合近几年我国地下铁道工程设计、施工和运营的经验,车辆段的设计阶段及主要目标如下。

(一)项目建设前期论证研究阶段

1. 预可行性研究

预可行性研究文件(项目建议书)是项目启动基础文件(一般为市政府向国家申报立项的基础文件),是为了说明拟建项目建设的必要性,条件的可行性和获利的可能性,是下一步开展项目建设可行性研究的依据。

2. 可行性研究

可行性研究文件是地铁工程建设项目决策的基础(一般为市政府报国家发改委正式立项的基础文件),应根据批准的预可行性研究文件,从技术上、经济上进行调查研究、全面分析、比较和论证,利用市政大比例初测资料编制。以确定实施的规模,并说明需求、工程,经济及工期的可行性。

(二)项目建设实施前设计阶段

1. 总体设计

总体设计文件是地下铁道工程建设项目重大方案原则论证、比选、落实的关键阶段,应根据可行性研究报告及其评审意见,采用初测资料编制。落实车辆段外部条件、稳定段址;明确车辆段功能定位,确定建设规模;理顺与系统专业的接口关系,统一技术标准。有些不太复杂的项目将总体设计阶段与初步设计阶段合并。

2. 初步设计

初步设计文件是项目起动建设的主要依据,应根据评审批准的工可(总体)设计文件,在定测资料的基础上进行编制。主要目标是:稳定车辆段总平面布置和主要车间的设计,提出全部工程数量、主要设备数量,并编制投资估算等。

3. 施工设计阶段

施工图是项目具体付诸实施的依据,应根据已审查批准的初步设计,采用定测或补充定测资料编制。一般又细分为以下三个阶段。

(1)设备招标采购阶段

重大设备招标采购是车辆段顺利进行施工设计的前提,是落实"设备先行"的重要环节,应根据评审批准的初步设计文件,在对初步设计进行方案和技术优化的基础上进行。主要目标如下:对重大及关键设备大范围的调研,提出切实可行的符合当地地铁实际的设备技术方案,编制设备用户需求书及招标技术文件。

（2）施工招标设计阶段

土建工程、设备安装工程招标设计文件应根据批准的初步设计文件、优化后的技术方案编制施工招标技术文件。

（3）施工图设计阶段

施工图是项目具体付诸实施的依据,应根据已审查批准的初步设计,采用定测或补充定测资料编制。主要目标如下:做好施工图设计进度计划管理,本着"统筹安排、急用先出"的原则安排好施工图出图计划。

二、各设计阶段的设计内容及工作重点

（一）可行性研究阶段

1. 设计内容

（1）车辆基地设计内容

①概述。包括设计依据、设计范围、可研报告评审意见及执行情况等。

②设计基础资料。包括交路、配车数量及车辆技术条件等。

③车辆基地设计说明。包括车辆段、维修中心的功能分析及确定、任务范围与设计规模等。

④相关专业主要设计原则和技术标准。包括站场、建筑结构、供电、通风和空调、给排水及消防等。

⑤总平面布置方案比选。

⑥主要设备选型比选。

⑦附件及附图。附件包括主要工程数量、主要设备概数;附图包括总平面布置图、主要车间布置图。

（2）配合设计内容

除了以上内容外,还要配合有关专业完成"设备材料供应与采购"、"节约能源"、"环境影响分析"、"劳动安全及卫生"、"管理机构及定员"、"工程筹划"、"投资估算"等章节相关内容。

2. 工作重点

（1）确定车辆基地的功能、任务范围与设计规模。

（2）比选和确定车辆基地的段址。

（3）初步研究车辆基地的总平面布置和主要车间的组合形式。

（4）各专业提出主要设计原则和主要技术标准。

（5）提出主要设备材料概数,匡算用地及拆迁概数;对建设工期及经营管理体制提出建议,并编制投资估算;阐明对环境影响程度及防治的初步方案。该阶段的工程数量和投资估算要有较高精度。

（二）初步设计阶段

1. 设计的内容

车辆基地在初步设计阶段一般单独设为一篇,篇下分总说明书、工艺说明书、站场与线

路(含路基、桥涵)说明书、建筑与结构说明书、动力与照明说明书、通风与空调说明书、给排水与水消防说明书等分册说明书,以及单独成册的概算文件。

(1)总说明说书的主要内容

①概述。包括设计依据、范围及年限、工可专家评审意见及执行情况、工程概况等。

②车辆基地的地位及地理位置。包括车辆段在线网中的地位、车辆段在本线中的地位、车辆段与综合基地的地理环境等。

③设计原则。

④设计概况。包括车辆段(含总平面布置、主要车间设计情况等)、综合维修中心、物资总库及其他需说明的问题。

⑤相关专业主要技术标准和原则。主要有:站场、路基、桥涵及隧道、房屋建筑与结构、动力照明、通风空调、给排水及消防等。

⑥组织机构及定员。

⑦主要经济技术指标。

⑧环境保护及安全措施。

⑨节能、节水及节约措施。

⑩工程筹划。

⑪存在问题及建议。

(2)各专业说明书

专业的说明是初步设计文件的核心部分。通过比选和论证,提出主要技术方案、主要技术标准和原则,提出全部工程数量、主要设备数量、主要材料数量等。下面以"工艺说明书"为例说明其主要设计内容。

①概述。包括设计依据、设计范围、设计年度、主要设计原则及主要技术标准、工可专家评审意见及执行情况。

②设计基础资料。包括工程概况、行车资料(包括行车交路、运用车列数、日车公里数等)、车辆主要技术参数。

③车辆基地的功能及任务。包括基本功能分析、本线车辆基地的功能定位、本线车辆基地(停车场)的布局、车辆基地的任务范围。

④车辆段工艺设计。包括车辆检修修程及主要指标、车辆运用与检修主要作业流程、检修任务量及规模、车辆段规模的确定、段址选择、出入段线设计、总平面布置方案及比较、主要运用及检修设施、救援策略和救援设备的配备。

⑤综合维修中心工艺设计。包括综合维修中心的功能、综合维修中心的任务、主要设计原则、房屋配备及布置、主要检修设施及工艺设计。

⑥物资总库。包括物资总库的功能、物资总库的任务、主要设计原则、主要房屋、主要设备。

⑦其他办公生活设施。包括运营公司机关办公基地、其他办公生活设施。

⑧组织机构与定员。

2. 工作重点

(1)在工可(总体)设计方案基础上,对车辆段总平面布置做进一步论证比选和必要的优化及补充,稳定总平面布置。

(2)稳定各种边界条件、各专业经深入论证比选确定重大技术方案和各项工程设计原则。

(3)处理协调车辆段内外部的各专业接口关系,稳定接口方案。

(4)提出全部工程数量、主要设备数量、主要材料数量、用地及拆迁数量、施工组织设计(工程筹划)并编制工程概算。

(5)确定环境保护工程技术措施方案并纳入总概算。

(6)初步设计文件经审查、批准后,作为控制建设总规模和总概算的依据,应满足工程招标承包、设备采购、征用土地和进行施工准备的需要。

(三)施工设计阶段

1. 设备招标采购阶段

(1)主要设计内容

①根据批准的初步设计文件,对重大及关键设备大范围的调研,提出切实可行的符合当地地铁实际的设备技术方案。

②根据设备技术方案,优化车辆段方案。

③编制设备用户需求书及招标技术文件。

④参加设备招标采购工作,对设备采购合同的技术部分负责。

⑤落实设备与各专业的接口及设计联络等工作。

(2)工作重点

设备用户需求书及落实设备与各专业的接口。

2. 施工招标设计阶段

(1)主要设计内容

①通常车辆基地分为±0.00以上工程和±0.00以下工程两部分分别确定总施工承包人。

②根据批准的初步设计文件、优化后的技术方案编制施工招标技术文件。

③参加施工招标工作,对合同的技术部分负责。

④提出配套的设备和材料的数量、技术要求等,协助业主确定供货商及价格等。

(2)工作重点

招标文件涉及接口多、技术要求高。针对这些特点,在保持文件完整性的基础上,重点对招标设计工程数量、主要材料的规格、技术条件加以深入的研究,提高招标设计文件的准确性和可操作性。

3. 施工图设计阶段

(1)主要设计内容

施工图设计文件以施工单位为主要对象,应按施工标段分别编制。施工图设计文件以施工为目的,应满足施工、安装、调试和验收的要求。各专业的施工图应包括下列内容:

①设计依据(包括采用的标准、规范、规程等)。

②初步设计审查意见及执行情况。

③工程概况(含重大方案变化的说明)。

④各单项工程设计说明。

⑤施工注意事项。

⑥设计图纸目录清册。

(2)工作重点

施工图的编制确保与工程现场实际相符合,为施工提供需要的图表和必要的设计说明,以及详细说明施工时应注意的具体事项,要求保证其针对性和可操作性,并编制施工图预算。

为保证施工图设计文件的完整性、准确性,处理各专业的接口关系非常重要。项目组将采取一系列设计保证措施,加强设计工作的总体性,对关键图纸建立各专业会签的制度,尽量避免差、错、漏、碰的现象。

车辆段综合管线设计是施工图设计的重点之一,在此阶段,设计者应逐项落实各专业管线的敷设方式,重点对室外电缆沟的设置进行研究,对各专业管线交叉点进行妥善处理。

三、车辆段设计流程

车辆段设计流程如下:

(1)收集基础资料,包括本线概况、本线所选用的车辆主要技术参数、行车有关资料等,以及线网车辆基地的规划情况、已建成的车辆段的情况以及本线设置车辆基地的工程条件。

(2)通过综合分析确定本线车辆基地的功能定位和分布。

(3)在车辆段功能和分布都明确的前提下,开始工艺设计,即:进行工作量计算、厂房组合设计、综合维修等设计。

(4)提出主要设备设施。

(5)将相关要求提给站场、建筑、桥隧、电力等相关专业,并结合段址的地形等外部条件与各专业一起共同布置车辆段总平面。

参见图10-1。

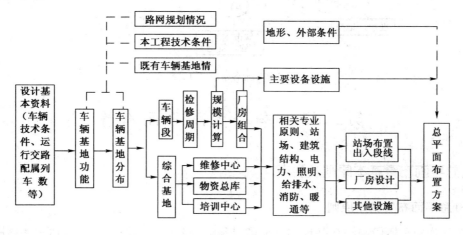

图10-1 车辆段设计流程图

地铁车辆段是一项涉及专业多、关系复杂、技术难度大的系统工程。车辆段的设计有赖于各系统、专业的相互配合(图10-2及图10-3)。在设计过程中,编写完整的技术接口,注意并处理好各系统的接口关系十分重要。

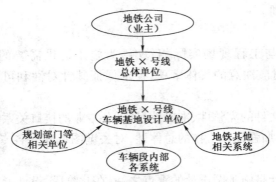

图 10-2　地铁车辆段内、外部关系示意图

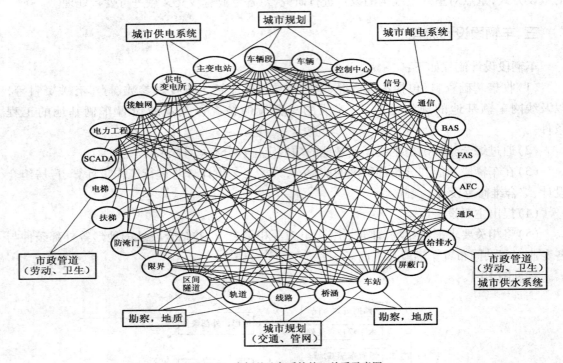

图 10-3　车辆基地各系统接口关系示意图

第二节　车辆段总平面布置

一、总平面布置基本原则及要点

(一)总平面布置基本原则

在充分分析车辆段与综合基地的功能需求和充分利用所选段址的地形地貌和周围环境的基础上,以确保修车质量和作业安全,满足工艺要求为前提,以努力提高作业效率,改善劳动条件,节省工程投资为目的,同时充分考虑段址地块的综合开发条件。

(1)总平面布置应满足车辆段与综合基地的功能和综合开发的要求,统筹规划。功能分区明确、联络方便、交通顺畅、流程合理、布局紧凑、用地节省、服务设施完善、环境适宜、整齐美观、经济适用。

（2）车辆段与综合基地总平面布置应以车辆段为主体，统筹考虑综合维修中心、物资总库及培训中心等各项设备、设施的工作性质和功能要求，按照有利于生产、确保安全、方便管理、方便生活的基本原则合理布置，力求工艺顺畅、作业方便。房屋设施适当集中布置。

（3）车辆段与综合基地的站场股道、房屋建筑、设备与设施的布置，应根据生产性质、作业要求，结合地形、地貌、地质、水文、气象条件，充分考虑消防、卫生、通风、采光、绿化、环境保护、城市规划等方面的要求。

（4）以远期需求为前提进行总平面布置，充分考虑分期建设的条件。

（5）综合维修中心宜集中布置，以利于房屋、设备的资源共享。

（6）物资总库的布置应便于汽车运输，应有相应的设备和材料的装卸、运输条件及场地，以便于设备、材料的运输和发放。

（7）车辆段与综合基地应根据地形条件合理布置排水设施。

（8）车辆段与综合基地内应有汽车运输及消防道路，并应有不少于两个与外界道路相连通的出入口。

（9）重视对地块周边既有河流、道路、绿化景观等设施的影响，车辆段与综合基地的总平面布置力争避免侵占河边绿化带、改移道路等，以减少工程量，节省投资，满足城市规划要求。

（10）在条件允许的前提下，考虑综合物业开发。

（二）总平面布置基本要点

（1）车辆运用及洗车设备宜直接接入段线。

（2）试车线应设于边缘，有条件时临近检修库侧布置。

（3）办公、生活设施宜集中布置，有条件时形成厂前区。

（4）综合维修中心宜靠出段线侧，动力设备、生活设施宜与车辆段共用办公房屋。

二、运用检修工艺流程和主要库型

1. 列车运用整备作业工艺流程

列车运用整备作业工艺流程参见图10-3。

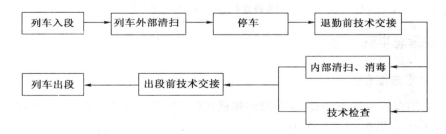

图10-3　列车运用整备作业工艺流程示意图

2. 列车检修作业工艺流程

列车检修作业工艺流程参见图10-4。

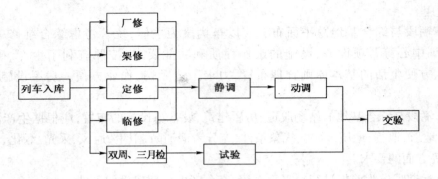

图 10-4　列车检修作业工艺流程示意图

3. 厂房组合方案

（1）运用库（停车列检 + 周月检库）

运用库一般有尽头式和贯通式两种方式（图 10-5）。尽头式停车列检库每线可设一或两停车列位，周月检库每线仅一列位。贯通式停车列检库每线可设两或三列位，周月检库每线可设两列位。

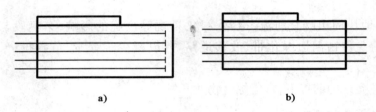

图 10-5　车辆段运用库类型
a）尽头式；b）贯通式

（2）检修库

车辆段检修库常用的类型有移车台贯通式和天车贯通式，见图 10-6。天车贯通式俗称筒子库。

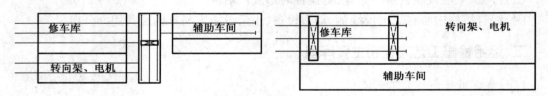

图 10-6　车辆段检修库类型
a）移车台贯通式；b）天车贯通式

三、车辆段总平面布置

（一）车辆段总图布置形式

车辆段总图布置形式主要有四种：段内贯通式（图 10-7）、并列尽头式（图 10-8）、倒装尽头式（图 10-9）和串列尽头式（图 10-10）。

（二）车辆段总平面布置实例

总平面布置图是车辆段设计的重要成果之一，由于各设计阶段主要目的不尽相同，总平面布置图的表现形式也有差别，下面就初步设计阶段总平面布置图需重点标示的内容罗列如下：

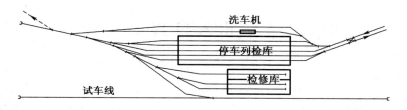

图 10-7 段内贯通式车辆段总图布置形式(尾部接另一站成完全贯通式)

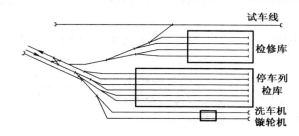

图 10-8 并列尽头式车辆段总图布置形式

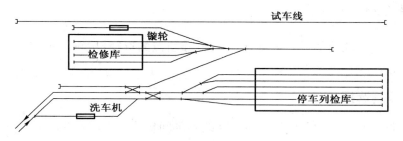

图 10-9 倒装尽头式车辆段总图布置形式

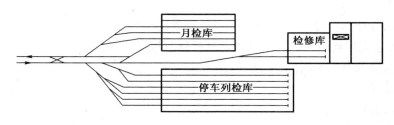

图 10-10 串列尽头式车辆段总图布置形式

(1)车辆段围墙外 50m 范围内的地形和地物,以及既有房屋、构造物等。

(2)车辆段建筑物、轨道、构筑物(人防工程、地下车库、油库、储水池等隐蔽工程以虚线表示)的位置,其中主要建筑物、构筑物的坐标(或相互关系尺寸)、名称(或编号)、层数等。

(3)标注轨道既有高程、设计高程及场坪设计高程等。

(4)拆废旧建筑物的范围边界,相邻建筑物的名称和层数。

(5)道路、铁路和排水沟的主要坐标(或相互关系尺寸)。

(6)绿化及美化设施的布置示意。

(7)指北针、风玫瑰。

(8)主要技术经济指标、轨道表、房屋表、室外构筑物表和主要工程量表。

(9)说明栏内:尺寸单位、比例、设计单位、日期、高程系统名称、图例及其他必要的说明等。

第三节　出入段线的设计

一、设计原则

(1)《地铁设计规范》第 22.2.7 条："车辆段、停车场出入线的设计应满足下列要求：
①车辆段、停车场出入线应在车站接轨，接轨站宜选在线路的终点站，有条件时应选在折返站。
②车辆段出入线应按双线双向运行设计，并避免切割正线，有条件时可结合段型布置，实现列车掉头转向功能。
③车辆段出入线设计，应根据行车和信号的要求，留有必要的信号转换作业长度。
④停车场出入线可根据需要设计为双线或单线。"
(2) 车辆段出入段线的设计应遵循以下原则：
①满足行车需要、保证行车安全（包括故障情况）；
②结合地形、因地制宜；
③尽量节省投资。
车辆段(场)出入段线的设计重点有三方面：接轨点的选择、接轨形式和出入段线长度，下面将分别阐述。

二、接轨点的选择

(1) 出入段线应采用在车站接轨，避免从线路区间接轨。这样做有以下优点：
①避免出入段列车对正线列车运行的干扰。
②确保行车安全。
③有利车站管理和作业。
(2) 优先考虑在终点站或折返站接轨。这样做有以下优点：
①减少出入段列车空走时间。
②降低运营成本。
③方便运营管理。

三、接轨形式

接轨形式选择的基本原则如下：
(1) 车辆段应为双线双向运行，避免切割运行正线。
(2) 停车场规模较小时，可为单线接轨，但信号也应双向。
车辆段与正线车站的典型接轨方式有四种：
(1) 出入段线在车站平交接轨方式，参见图 10-11。
(2) 出入段线在车站立交接轨方式，参见图 10-12。
(3) 利用站后折返线延长线接入车辆段，参见图 10-13。
(4) 利用段型布置两站接轨，参见图 10-14。
利用段型两站接轨，多用于车辆段垂直于正线、车站为地面站、两站距离不太远的情况下。其优点是可采用八字形接轨方式，从而可实现列车掉头转向功能；其缺点是行车组织不太方便。

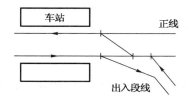
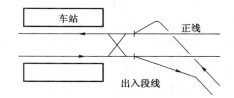

图 10-11　出入段线在车站平交接轨方式　　　　图 10-12　出入段线在车站立交接轨方式

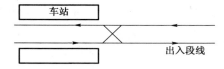
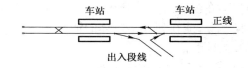

图 10-13　利用站后折返线延长线接入车辆段　　图 10-14　利用段型布置两站接轨

四、出入段线长度

出入段线长度理论上除保证应留有信号运行模式转换的长度外,越短越好,一般控制在 1.0~1.5km,超过 2.0km,应该对段(场)址进行重新选择。

信号运行模式转换的长度一般为列车长度 +5m。

第四节　主要车间(库)的设计

下面就某城市轨道交通车辆段主要检修车间的初步设计要反映的主要设计内容作介绍。

一、运用库

运用库由停车列检库镟轮库及辅助车间组成。

1. 平面布置

运用库的平面布置示意如图 10-15 所示,其实物形态参见图 10-16。

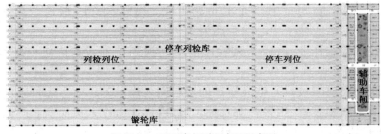

图 10-15　运用库的平面布置示意图

图 10-16　运用库照片

2. 主要功能及作业内容

(1)停车列检库承担本线部分车辆的停放、运用、整备作业。
(2)承担列车进出库的技术交接、检查和测试工作。
(3)承担车辆段及综合基地运用车辆驾乘人员出退勤技术交接工作。
(4)承担车辆段及综合基地运用车辆的功能检查、技术检查和一般性临时故障的处理。
(5)承担车辆段及综合基地运用车辆的内部清扫及定期消毒工作。
(6)承担车辆镟轮作业。为了提高列车行车质量,减少车轮产生不良振动和噪声,尤其是运用列车在没有到达检修周期时,个别车辆因出现车轮轮缘偏磨、踏面擦伤等而引起车轮产生的不良现象,能在列车不解体的情况下通过不落轮镟作业得到及时处理。

3. 设计要点

(1)停车列检库按满足本线车辆运营近期规模设置。
(2)停车列检库按每股道2列位尽端式布置。
(3)停车列检库均按停车列位的一半设置检查坑。检查坑长123m、宽1.2m、深1.5m。停车列检库在靠近南端的列位均设置检查坑。
(4)停车列检库按6辆编组列车设计。
(5)停车列检库房屋、轨道及检查坑均按一期工程近期规模考虑。
(6)镟轮过程的列车移动采用公铁两用车牵引。

运用库的主要工艺流程如图10-17所示。

图10-17 运用库的工艺流程示意图

4. 车间组成及设备配置

(1)停车列检库

停车列检库长264m、宽85m,由5个17m跨组成。设置库线15股道。其中每跨内线间距为4.8m,股道中心线到墙或柱子中心线距离为3.7m。

为便于车辆技术检查作业,在停车列检库前端列检列位处设检查坑,检查坑长123m、宽1.2m、深1.5m。

停车列检库线均要求架设具有电气防护的接触网入库(分段设置),而且每股道均单独装有分段隔离开关及其联锁装置、报警音响及标志灯,以确保工作人员安全。库内设广播时钟系统,库内人员与车辆段及综合基地运转值班人员的联络采用无线对讲设备。检查坑内设安全电压照明、安全电压照明插座及动力插座。为方便工作人员上下列车,每股道均设置移动式上车梯。库内适当位置设拖布池,以便于车内清扫及库内地面清洁作业。

(2)镟轮库

镟轮库长264m、宽12m,库内设1股道,设置1台不落轮镟床,用于车辆镟轮作业。

(3)辅助生产办公房屋

停车列检库的北侧设有两层辅助生产办公房屋。一层设有DCC、通信车载设备室、通信信号设备室、驾驶员待班室、列检班组用房、消毒工班等;二层设运用车间办公用房及清扫工班、清扫工具室等辅助房屋。

5. 主要技术经济指标表

运用库的主要技术经济指标如表 10-1 所示。

运用库的主要技术经济指标一览表　　　　　　表 10-1

项　目		单　位	数　量	附　注
停车列检列位		列位	30	—
主库轴线面积		m²	25 608	—
辅助生产办公房屋轴线面积		m²	4 656	—
用电量		kW	140	—
用水量		m³/d	20	—
生产定员 （初期/近期/远期）	运转值班	人	6/6/6	三班制
	乘务工班	人	65/90/122	四班三运转制
	列检工班	人	22/30/40	两班制
	清扫工班	人	11/15/20	两班制
	消毒工班	人	3/4/4	两班制
	管理人员	人	5/6/6	一班制

二、检修主厂房

检修主厂房由厂修及架修库、定修及临修库、周月检及静调库、转向架及轮对轴承间、电机电器检修间、门窗检修间、金工间、空调机组检修间、空压机检修间、制动检修间、车钩缓冲器检修间、电子检修间、检修车间办公楼等组成。其厂房组合示意如图 10-18 所示。

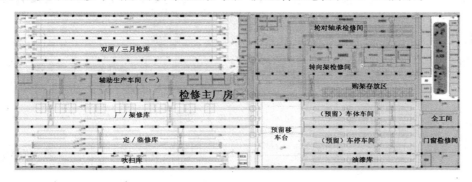

图 10-18　检修主厂房平面布置示意图

（一）厂修及架修库

1. 平面布置

厂修及架修库的平面布置示意如图 10-19 所示，其实物形态参见图 10-20。

图 10-19　厂修及架修库的平面布置示意图

图 10-20 厂修及架修库照片

2. 主要功能及作业内容

厂修及架修库的主要功能是承担轨道交通车辆的厂修和架修的任务。

（1）厂修作业：根据车辆厂修规程对车辆进行全面检查、修理工作。主要包括拆卸车辆各系统部件和大部件，对车辆各系统及部件进行检修后组装，对车体进行整修作业。最后对车辆进行静、动态调试。

（2）架修作业：根据车辆架修规程对车辆进行全面检查、修理工作。主要包括拆卸及组装受流器、空调单元、转向架、牵引及制动系统、车门以及车内设施等。对车辆各系统进行全面的测试，检修或更换易损部件。最后对车辆进行静、动态调试。

3. 设计要点

（1）列车采用整列入库、库内分解、定位检修作业方式；

（2）检修作业采用换件修为主，换件修与现车修相结合的方式；

（3）车辆采用定位检修作业方式，作业设地下固定式架车机；

（4）厂架修的车库规模按满足线路近期厂架修需要建设，厂架修检修设备按满足近期厂架修需要配置。

厂修及架修库的主要工艺流程如图 10-21 所示。

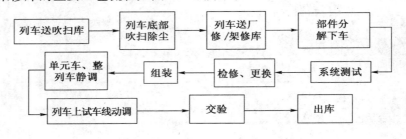

图 10-21 厂修及架修库的主要工艺流程示意图

4. 车间组成及设备配置

厂修/架修库长 156m，宽 18m，跨度为 18m，库内设 2 条厂修/架修线，均按 6 辆编组列车 1 列位考虑。

厂修/架修库设 10t 吊钩桥式起重机 2 台，以满足吊运转向架和其他部件的需要，设 3 辆半列位整体式地下架车机 1 组，承担车辆的架落车作业，预留半列位整体式地下架车机 1 组。

考虑车辆整列入库，在整体式地下架车机上架起车体并推出转向架，车体落在工艺转向架上推至库尾，通过移车台把车体送到车体间。

库内配备移动式中间作业平台和车顶作业平台，以便检修人员上下车辆，配备移动式升降平台,供车底电器箱柜等大部件的拆装。

5. 主要技术经济指标

厂修及架修库的主要技术经济指标见表10-2。

厂修及架修库的主要技术经济指标一览表 表10-2

项　　目	单　　位	数　量	附　注
厂修/架修列位	列位	4	—
工作班制	班	1	—
车间轴线面积	m²	2 808	—
主要设备数量	台(套)	41	—
设备总用电量	kW/kVA	294/96	—
用水量	m³/d	4	—
压缩空气用量	m³/d	5	—
生产定员(初期/近期/远期)	人	25/40/54	—

(二)定修及临修库

1. 平面布置

定修及临修库的平面布置示意如图10-22所示,其实物形态参见图10-23。

图10-22 定修及临修库的平面布置示意图

图10-23 定修及临修库照片

2. 主要功能及作业内容

定修及临修库的主要功能是承担地铁本线车辆的定修任务及临时故障处理工作。主要作业内容如下:

(1)定修作业:根据车辆定修规程对车辆进行全面技术检查,主要包括检查牵引及制动系统、转向架及走行部分、车门及其控制系统、受流器、空调装置等。对需检修的部件进行拆卸更换,对蓄电池进行补液、充电或更换,对齿轮箱、轴箱进行检查、补油、测试。最后对车辆进行静、动态调试。

(2)临修作业:对车辆的临时故障进行检修,更换需检修的转向架及其他大型部件。

3. 设计要点

(1)定修、临修车辆采用整列入库,定位检修作业方式。

(2)定修列位设宽检查坑,临修列位设普通检查坑和移动式架车机。

(3)更换转向架采用移动式架车机在临修线进行架车作业。

(4)检修作业采用换件修为主,换件修与现车修相结合的方式。

4. 车间组成及设备配置

定修/临修库长156m,宽18m,跨度为18m。库内设定修线1列位,临修线1列位,设10t桥式起重机1台、5t桥式起重机1台。临修线设普通检查坑,为了方便临修架车,设1组移动式架车机(架1辆车)。定修线设宽检查坑。库内配备移动式中间作业平台和车顶作业平台。

5. 主要技术经济指标

定修及临修库的主要技术经济指标见表10-3。

定修及临修库的主要技术经济指标一览表   表10-3

项 目	单 位	数 量	附 注
定修列位	列位	1	—
临修列位	列位	1	—
工作班制	班	1	—
车间轴线面积	m²	2 808	—
主要设备数量	台(套)	18	—
设备总用电量	kW/kVA	113/48	—
用水量	m³/d	3	—
压缩空气用量	m³/d	10	—
生产定员(初期/近期/远期)	人	13/28/35	—

(三)周月检及静调库

1. 平面布置

周月检及静调库的平面布置示意如图10-24所示,其实物形态参见图10-25。

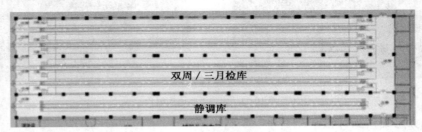

图10-24 周月检及静调库的平面布置示意图

2. 主要功能及作业内容

周月检及静调库的主要功能是承担本线部分车辆双周、三月检工作,及本线全部车辆静调工作。主要作业内容如下:

(1)双周检作业对车辆的重要部件及系统进行技术检查,主要对受流器、驾驶室电器、车载通信信号设备、转向架、控制系统、制动系统、辅助电源系统、牵引电机、空压机、蓄电池、客室设施等进行全面检查,并对空调的过滤器进行清洗和检查。

图 10-25　周月检及静调库照片

(2)三月检作业是对车辆进行全面技术检查和必要的检测,主要对受流器、驾驶室电器、车载通信信号设备、转向架、控制系统、制动系统、辅助电源系统、牵引系统、空压机、蓄电池、客室设施、空调进行全面检查、清洁,并对部分设备进行检测及更换易损件。进行蓄电池充电作业。

(3)静调作业。列车静调作业按单元车调试及整列车连挂调试两步进行。

单元车调试内容如下:

(1)一般检查:对车辆各开关位置、导线连接、车辆的连挂及箱体的安装是否正确无误。

(2)线路测试:在未通电情况下,对有关设备、蓄电池组、接地电阻等进行测试,各处零线是否接好,各断路器、熔断器状态是否正常。

(3)通电调试:从静调电源柜接入直流电源,分别对照明线、各系统控制回路、辅助系统、报警、保护、故障显示、空调等系统进行检测调试。

整列车调试内容:经单元静调合格后,整列车连挂,对主回路、牵引系统进行检测确认合格后,出库上试车线进行列车动态调试。

3. 设计要点

(1)双周/三月检采用整列入库、不解编,采用定位作业方式。

(2)双周/三月检库设接触网,列车直接入库。

(3)双周/三月检库考虑车顶空调更换作业的需要。

(4)静调采用静调电源供电。

周月检及静调库的主要工艺流程如图 10-26 所示。

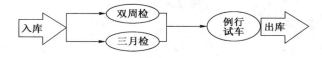

图 10-26　周月检及静调库的主要工艺流程示意图

4. 车间组成及设备配置

周月检/静调库按远期规模一次建成。

含两个跨度 15m 的双周三月检库及 9m 跨度的静调库一个,其中每跨内线间距为 6.0m,股道中心线到墙或柱子中心线距离为 4.5m。后面设二层夹层,一层设周月检班组用房、静调试车间;二层设设备车间用房等辅助生产房屋。

双周/三月检库内每股道设置长 123m、宽 1.2m、深 1.5m 的检查坑,坑内设照明、安全电压照明插座和动力插座。

双周/三月检库内股道两侧设高程为 -1.1m 的低地面,库内两端横向通道高程为

±0.000m，在横向通道与低地面间设11%斜坡连通。

双周/三月检库检修列位两侧设台面高程+1.1m和+3.6m的双层作业平台。

双周/三月检库内外设有线广播,以方便作业调度并利于列车出入库安全。

为便于技术检查、检测、部件的更换和运输,双周/三月检库内配置了静调电源柜、移动式SIV测试装置、移动式主逆变器测试装置、便携式车轮检测仪、蓄电池叉车等设备。

5. 主要技术经济指标

周月检及静调库的主要技术经济指标如表10-4所示。

周月检及静调库的主要技术经济指标一览表　　　　表10-4

项　目		单　位	数　量	附　注
双周/三月检列位		列位	4	—
主库轴线面积		m²	4 320	—
辅助生产办公房屋轴线面积		m²	342	—
主要设备数量		台(套)	22	—
用电量		kW/kVA	13/42	—
用水量		m³/d	10	—
生产定员 (初期/近期/远期)	双周/三月检班组	人	12/16/16	二班制

(四)转向架及轮对轴承间

1. 平面布置

转向架及轮对轴承间的平面布置示意如图10-27所示,其实例参见图10-28。

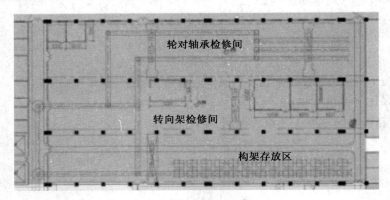

图10-27　转向架及轮对轴承间的平面布置示意图

2. 主要功能及作业内容

转向架及轮对轴承间主要功能是承担厂修、架修及临修车辆转向架、轮对、轴承轴箱、减振器和齿轮箱等的分解、清洗、检测、修理及组装试验工作。

主要作业内容包括:转向架大分解;对分解后的构架、轮对轴箱、减振器和齿轮箱等进行清洗并送往相关检修间;构架探伤;对修竣的转向架部件油漆;转向架总组装以及对组装后的转向架进行试验。

3. 设计要点

(1)转向架检修采用流水作业方式。

图 10-28 转向架及轮对轴承间照片

(2) 采用互换修和现车修相结合的检修方式。

(3) 轮对厂修的换轮、换轴及换齿轮作业因工作量较小,近期采用外协,预留增设压轴机及其他有关设备的条件。

转向架及轮对轴承间的工艺流程如图 10-29 所示。

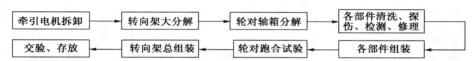

图 10-29 转向架及轮对轴承间的工艺流程示意图

4. 车间组成及设备配置

转向架及轮对轴承间设于厂修/架修库的北侧,长 132m,由 2 个 18m 跨和 1 个 21m 跨组成。检修工艺按流水作业进行布置,按检修工艺流程布置有构架、轮对、轴箱、轴承等检修区及存轮区。

转向架及轮对轴承间设有 10t 桥式起重机 1 台,5t 单梁起重机 2 台,3t 单梁起重机 1 台,车间内配备转向架清洗机、轮对探伤机、车轮车床、轮对跑合试验装置、轮对轴箱分解机、轴承清洗机、轮对轴箱组装机等设备。

5. 主要技术经济指标表

转向架及轮对轴承间的主要技术经济指标见表 10-5。

转向架及轮对轴承间的主要技术经济指标一览表   表 10-5

项 目	单 位	数 量	附 注
转向架分解及组装台位	台位	2	—
工作班制	班	1	—
车间轴线面积	m²	6 156	含存轮区
主要设备数量	台(套)	46	—
设备总用电量	kW/kVA	220/60	—
用水量	m³/d	100	—
压缩空气用量	m³/d	2	—
生产定员(初期/近期/远期)	人	26/83/110	—

三、调机工程车库

1. 平面布置

调机工程车库的平面布置如图 10-30 所示,其实例参见图 10-31。

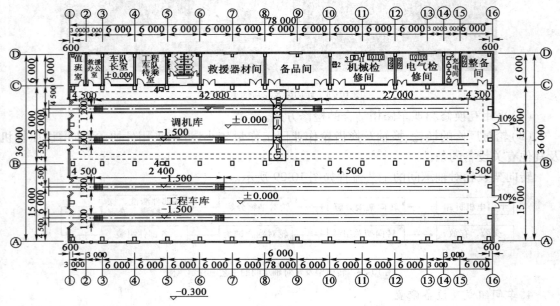

图 10-30　调机工程车库平面布置示意图(尺寸单位:mm)

2. 主要功能

(1)承担车辆段配属调机的运用、存放、检查、故障处理。

(2)承担本线工程车(如轨道车、液压随车吊、轨道发电车等救援及线路维护用工程车)的运用、整备及日常维护保养作业。

(3)承担本线车辆在运营中发生故障或其他事故的救援工作。当地铁车辆发生行车事故时迅速出动救援,排除车辆或线路故障,尽快恢复正常行车次序。救援办公室受车辆段和地铁防灾控制中心指挥。

图 10-31　调机工程车库照片

3. 设计要点

(1)车辆段与综合基地配属内燃调机按两台考虑。各类工程车的数量及种类由相关专业确定,调机及工程车库应能满足其停放和日常检修的需要。

(2)车库按尽端式考虑。仅设调机及工程车的日常保养和一般维修工作,各级检修工作外委。

(3)调机的牵引能力应能满足牵引 6 辆编组列车通过最大坡度的要求。

(4)燃油补充作业由社会协作供应,段内不设油库。

(5)工程车库、救援办公室只考虑一般性故障的抢险和救援,当发生特大事故时,需请求社会有关力量帮助救援。

4. 车间组成及设备配备

调机和工程车库位于检修主厂房的南侧,库长78m、宽30m,库内设4股道,线间距6.0m,股道中心线到墙中轴线距离为4.5m。库内4股道均设检查坑。坑内设安全电压照明、安全电压照明插座及动力插座。库内设有2t电动单梁悬挂起重机等设备。

库西侧设辅助生产车间边跨,边跨长78m、宽6.0m,内设备品库、机械检修间、电器检修间、充电间、整备间等,用于调机及工程车的日常保养、维修。

5. 主要技术经济指标表

调机工程车库的主要技术经济指标如表10-6所示。

调机工程车库的主要技术经济指标一览表　　　　表10-6

项　　目		单　位	数　　量	附　　注
股道数		条	4	—
轴线面积		m²	2 808	—
主要设备		台(套)	11	—
用电量		kW/kVA	11/47	—
用水量		m³/d	3	—
生产定员 (初期/近期/期)	乘务员	人	6/6/6	三班制
	其他生产人员	人	5/5/5	一班制

四、物资总库

1. 平面布置

物资总库的平面布置示意如图10-32所示,其实例参见图10-33。

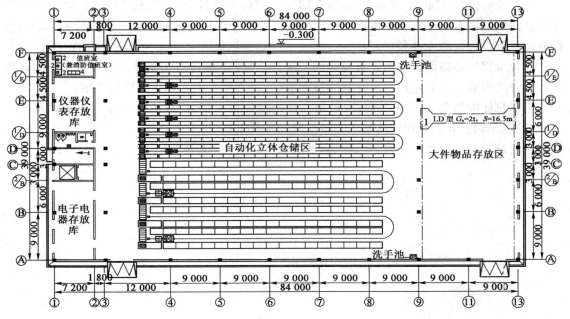

图10-32　物资总库平面布置示意图(尺寸单位:mm)

2. 主要功能

(1) 承担车辆段车辆运用检修所需各种材料、配件等的计划编制、采购、保管及发放工作。

(2) 承担车辆段生产工具、仪器、仪表、生产家具等的计划编制、采购、保管及发放工作。

(3) 承担本线各系统所需各种机电设备、备品备件、配件、电缆、钢材、钢轨、道岔、建筑材料、劳保用品等的计划编制、采购、保管及发放工作。

(4) 在本工程建设期间可作为建设物资及机电设备的临时仓储场地。同时应根据线网建设情况预留发展，为建立线网物流中心（物资流或物资信息流中心）创造条件。

图 10-33　物资总库照片

3. 设计要点

(1) 物资总库按集中管理分级存放的原则进行设计。设物资总库，维修中心设备品备件库，车辆段和维修中心各车间设备品存放间或存放区。

(2) 各类物资的存储量：引进设备一般按运营和检修 2 年的需要量进行存储；其他物资包括钢轨、车辆配件、辅助材料、五金机电设备、电缆等按运营和检修 1 年的需要量进行存储。

(3) 物资总库不设油料库，内燃调车及工程车用油料按社会化考虑。

4. 房屋和设备配置

物资总库设在检修主厂房南侧，紧邻检修主厂房、维修中心综合车间及材料装卸线，最大限度地满足卸料入库和领料出库的方便。

物资总库由立体仓储区、大部件存放区、电子电器存放库、仪器仪表存放库、劳保用品存放库，以及办公用房等组成。

立体仓储区长 57m，宽 39m；在立体仓储区北侧设大部件存放区，长 39m，宽 18m；在立体仓储区南侧端设有电子电器存放库、仪器仪表存放库、劳保用品存放库，总长 39m，宽 7.2m；在存放库三层设物资总库办公房屋。

综合维修中心备品库作为物资总库的二级存放库，车辆段各车间及综合维修中心的其他各车间分散设置一定数量的材料存放间或存放区，可方便各车间常用材料的领用。

物资总库配备 2t 起重机 1 台、自动化立体仓储设备 1 套、计算机管理系统 1 套以及各种运输、搬运车辆。并配备相应的通信信号检修设备及工具。

物资总库均按一班制设置，初、近、远期定员分别为：44 人、47 人、47 人。

参 考 文 献

[1] 中华人民共和国国家标准.GB 50157—2003 地铁设计规范[S].北京:中国计划出版社,2003.
[2] 中华人民共和国国家标准.GB 10070—88 城市区域环境振动标准[S].北京:中国标准出版社,1988.
[3] 中华人民共和国国家标准.GB 3096—2008 声环境质量标准[S].北京:中国环境科学出版社,2008.
[4] 中华人民共和国国家标准.GB 50007—2002 建筑地基基础设计规范[S].北京:中国建筑工业出版社,2002.
[5] 中华人民共和国国家标准.GB 50010—2010 混凝土结构设计规范[S].北京:中国计划出版社,2010.
[6] 中华人民共和国国家标准.GB 50299—1999 地下铁道工程施工及验收规范[S].北京:中国计划出版社,1999.
[7] 上海市地方标准.DG J08-109—2004 城市轨道交通设计规范[S].上海:上海市建设管理委员会.
[8] J.M.汤姆逊(倪文燕,陶吴磬译).城市布局与交通规划[M].北京:中国建筑工业出版社,1982.
[9] 何宗华.城市轨道交通工程设计指南[M].北京:中国建筑工业出版社,1993.
[10] 施仲衡,张弥,宋敏华,等.地下铁道设计与施工[M].西安:陕西科学技术出版社,2006.
[11] 叶霞飞,顾保南.城市轨道交通规划与设计[M].北京:中国铁道出版社,1999.
[12] 欧阳全裕.地铁轻轨线路设计[M].北京:中国建筑工业出版社,2007.
[13] 张立.城市轨道工程[M].成都:西南交通大学出版社,2006.
[14] 雷晓燕.轨道力学与工程新方法[M].北京:中国铁道出版社,2002.
[15] 王文卿.城市地下空间规划与设计[M].南京:东南大学出版社,2000.
[16] 关宝树.隧道力学概论[M].成都:西南交通大学出版社,1993.
[17] 王梦恕.浅埋暗挖技术通论[M].合肥:安徽教育出版社,2004.
[18] 龚晓楠,等.地基处理手册[M].北京:中国建筑工业出版社,2002.
[19] 刘建航,侯学渊.盾构法隧道[M].北京:中国铁道出版社,1991.
[20] 周顺华.城市轨道交通结构工程[M].上海:同济大学出版社,2004.
[21] 张凤祥,朱合华,傅德明.盾构隧道[M].北京:人民交通出版社,2004.
[22] 周顺华.开挖理论[M].北京:中国铁道出版社,1997.
[23] 周顺华,董新平.管棚工法的计算原理及其应用[M].上海:同济大学出版社,2007.
[24] 竺维彬,鞠世健.复合地层中的盾构施工技术[M].北京:中国科学技术出版社,2006.
[25] [德]B.Maidl,M·Herrenknech,L.Anheuser著(曾慎聪,胡胜伟译).机械化盾构隧道掘进[M].浙江:浙江大学出版社,2002.
[26] 日本土木学会编(朱伟译).隧道标准规范(盾构篇)及解说[M].北京:中国建筑工业出

版社,2001.

[27] 上海市城市建设设计研究院.罗店中心镇公共交通配套工程可行性研究报告[R].上海:上海市城市建设设计研究院,2005.12.

[28] 上海市城市建设设计研究院.上海市轨道交通7号线工程初步设计——线路分册[R].上海:上海市城市建设设计研究院,2004.3.

[29] 上海市城市建设设计研究院.上海市轨道交通11号线北段工程初步设计——线路分册[R].上海:上海市城市建设设计研究院,2005.9.

[30] 上海市城市建设设计研究院.上海市轨道交通11号线北段工程施工图设计——线路分册[R].上海:上海市城市建设设计研究院,2006.

[31] 涂宇红.城市地铁及地铁的建筑设计[D],天津:天津大学,2005.

[32] 温宇平.城市轨道交通高架车站结构研究[D].北京:北京交通大学,2000.

[33] 胡显鹏.砂卵石地层土压平衡盾构掘进刀具磨损研究[D].北京:北京交通大学,2007.

[34] 于涛.城市轨道交通车辆段与综合基地资源共享的规划研究[D].成都:西南交通大学,2008.

[35] 崔志强.铁车站方案设计探讨[J].隧道建设,2005,(03).

[36] 赫磊,束昱,王璇.地铁车站及周边地上、地下空间城市设计探讨[J].地下空间与工程学报,2006,(S1).

[37] 孙艳丽.日本京都地铁车站的建筑设计[J].城市轨道交通研究,2007,(06).

[38] 罗中慧.明珠线北延伸高架车站结构设计[J].铁道标准设计,2003,(09).

[39] 唐亚琳.浅谈广州地铁4号线高架车站设计[J].城市轨道交通研究,2006,(11).

[40] 顾品玉,陈文艳.上海市轨道交通5号线工程高架车站结构设计[J].地下工程与隧道,2005,(03).

[41] 林秋萍.城市轨道交通高架车站结构设计[J].上海铁道科技,1998,(02).

[42] 温宇平,高日,刘智敏.城市轨道交通高架车站结构研究[J].铁道建筑,2000,(03).

[43] 王梦恕.浅埋暗挖法设计、施工问题新探[J].地下空间,1992,(04).

[44] 王梦恕,张建华.浅埋双线铁路隧道不稳定地层新奥法施工[J].铁道工程学报,1987,(02).

[45] 孙吉堂.地铁隧道复合式衬砌防水施工技术综述[J].中国建筑防水,2006,(12).

[46] 李海.软弱围岩浅埋暗挖大跨度地铁隧道施工技术[J].铁道标准设计,2001,(08).

[47] 宋克志,朱建德,王梦恕,等.无水砂卵石地层盾构机的选型[J].铁道标准设计,2004,(11).

[48] 叶霞飞,李君,霍建平.国内外城市轨道交通车辆段对比研究[J].城市轨道交通研究,2003,(01).

[49] 负虎.城市轨道交通车辆选型及车辆段设计中值得注意的几个问题[J].铁道标准设计,2004,(01).

[50] 张雄.地铁车辆段设计规模的探讨[J].铁道标准设计,1997,(10).

[51] 车跃龙.地铁车辆段及基地水消防设计[J].铁道标准设计,2006,(05).